HECHOS: Una Perspectiva Pneumatológica
Vol. 1 No. 2 Junio 2019

Print version published by CPT Press
900 Walker ST NE
Cleveland, TN 37311
USA
email: cptpress@pentecostaltheology.org
website: www.cptpress.com

ISBN-13: 978-1-935931-85-0

Copyright © 2019 Miguel Alvarez and Geir Lie

All rights reserved. No part of this book may be reproduced or translated in any form, by print, photoprint, microfilm, microfiche, electronic database, internet database, or any other means without written permission from the publisher.

HECHOS – Una Perspectiva Pneumatológica

Editores
Geir Lie
Miguel Álvarez

Editor de reseñas de libros
Daniel Orlando Álvarez

Dirección
Dyretråkket 34
1251 Oslo
Noruega

Correo
bolhechos@gmail.com

Página web
http://www.akademiaforlag.no/hechos/

ISSN
2535-6410

Contenido

Editorial — 1

Darío López Rodríguez
La política del Espíritu. Pentecostalismo y cambio de estructuras — 3

Elizabeth Salazar Sanzana
Juntos en la lucha por la vida y la vida en el Espíritu — 19

Daniel Orlando Álvarez
Liderazgo emergente de la diáspora latina en los Estados Unidos — 35

José Raúl Febus-París
La comunidad del Espíritu. Una realidad del pentecostalismo latino — 53

Miguel Álvarez
Lo atractivo del movimiento apostólico y profético — 63

Daniel Chiquete
Pentecostalismo y metrópolis. Entre Pentecostés y Armagedón — 85

Ramón Nonato Alvarado Gómez
Conversaciones teológicas y tensiones sobre una 'teología desde la niñez' en América Latina. Nuestras conversaciones y cómo se tornan problemáticas — 95

Reseñas de libros — 117

UNA PERSPECTIVA PNEUMATICA DEL PENSAMIENTO CRISTIANO EN AMERICA LATINA

En este número, el Boletín *HECHOS* documenta diferentes posiciones teológicas sobre temas puntuales que afectan a la comunidad evangélica y pentecostal en el mundo hispanoparlante. Los contribuyentes exponen sobre diferentes posiciones teológicas que afectan al ministerio de la iglesia en América Latina y, cada tema es presentado con las mejores herramientas académicas disponibles en la región. Los editores agradecen a los contribuyentes por tomarse el tiempo necesario y esforzarse para documentar estos artículos. Cada artículo es presentado con buen gusto y agrado a la vista y a la mente.

Tanto para el estudioso de la teología como para el pastor de la iglesia, los tópicos planteados en este volumen invitan a una investigación más profunda y completa a fin de comprobar las propuestas presentadas. Las posiciones doctrinales y los argumentos teológicos en el contenido de este boletín representan la opinión de los autores. *HECHOS* no representa a posiciones doctrinales denominacionales, ni corrientes teológicas particulares. Más bien su intención es impulsar la investigación literaria desde una plataforma de libertad de expresión.

Los editores, por su parte, aseguran que en cada volumen haya consistencia y que el contenido se mantenga dentro de los límites epistemológicos de la fe cristiana. Obviamente *HECHOS* tiene un espacio único en la comunidad latina y su contribución será positiva a medida que surja mayor participación y aporte académico. Toda contribución es bienvenida y evaluada adecuadamente para su publicación. Naturalmente la originalidad de cada artículo es prioritaria al momento de la publicación.

HECHOS presenta un mensaje profético que contribuye con la formación teológica del lector. El mensaje es elaborado críticamente y diseñado con los mejores instrumentos y argumentos académicos disponibles. La intención del Boletín *HECHOS* es formativa y espera que su contribución sea tomada de esa manera. El lector notará que los contribuyentes de cada volumen, en su mayoría son teólogos reconocidos y educadores de gran respeto en la comunidad cristiana.

En virtud de lo anterior, las personas involucradas en la producción y publicación de este boletín están muy agradecidas por la recepción y buen uso de la temática expuesta. Toda participación académica, o contribución a favor del boletín son bienvenidos y, desde luego, se espera que estos se mantengan dentro de los parámetros acá presentados.

Geir Lie
Miguel Alvarez

LA POLITICA DEL ESPIRITU
PENTECOSTALISMO Y CAMBIO DE ESTRUCTURAS

Darío López Rodríguez

> Id, hacer saber a Juan lo que habéis visto y oído; los ciegos ven, los cojos andan, los leprosos son limpiados, los sordos oyen, los muertos son resucitados, y a los pobres es anunciado el evangelio... (Lc. 7:22).

Introducción

El Pentecostalismo, durante décadas y en diversas realidades, se ha presentado a sí mismo como un movimiento religioso apolítico. La mayoría de los pastores y miembros de la comunidad pentecostal, actualmente, todavía ve con cierta sospecha y recelo todo lo relacionado con el terreno social y político. Considera que el campo de la acción social y política es un asunto terrenal, mundano, pasajero, ajeno a la vida en el Espíritu, e impropio para los creyentes que solo tienen que dedicarse a la salvación de las almas. Sin embargo, a pesar de su tradicional postura apolítica, lo que le cuesta aceptar a muchos pastores y miembros de las iglesias pentecostales es que, en esencia, nadie es apolítico. Esto es así, porque tener una posición apolítica, ya es en sí misma una postura política, una toma de posición en favor de determinados asuntos públicos. Si buena parte del pentecostalismo fue apolítico, y continúa siéndolo, y esto implica una despreocupación y pasividad frente a los asuntos terrenales, ¿cómo explicar entonces la posición anti-comunista, anti-ecuménica y favorable al sionismo que durante años formó parte del discurso teológico y de la práctica de misión de la inmensa mayoría del movimiento pentecostal? ¿Cómo explicar el apoyo visible o disfrazado que líderes de iglesias pentecostales, le dieron a gobiernos militares, a regímenes violadores de derechos humanos y a autoridades corruptas?

El problema de fondo de un grueso sector del movimiento pentecostal está no solamente en el doble discurso, por un lado, su autoimagen como un sector religioso apolítico y, por otro, su anti-comunismo y anti-ecumenismo militantes, que expresaban ya una clara posición político-religiosa. El problema de fondo está en su comprensión de la vida en el Espíritu. Su comprensión de la vida en el Espíritu, tradicionalmente, ha estado limitada a la salvación de almas incorpóreas desconectadas de la realidad de miseria material y opresión social y política en las que se encuentran miles de seres humanos; a la denuncia de los pecados individuales (borrachera, adulterio, mentira), sin ninguna referencia a los pecados estructurales (injusticia, explotación, opresión); y a un confinamiento de la fe al ámbito privado de la vida, dando la impresión de que poco o nada importan asuntos sociales y políticos como la violencia institucionalizada y la pobreza material en la viven miles de personas (entre ellas, muchos creyentes pentecostales). Lo que se requiere entonces es un abordaje teológico más cercano a la comprensión bíblica de la vida en el Espíritu, para no hacer una dicotomía de la vida humana, separando lo sagrado de lo profano, lo religioso de lo secular y lo privado de lo público.

Utilizando como fundamento para nuestra reflexión la perspectiva lucana de la vida en el Espíritu, examinaremos la relación entre el Pentecostalismo y el cambio de estructuras mentales, sociales y culturales. Comenzaremos describiendo brevemente las estructuras sociales, políticas y culturales, dentro de las cuales surgió la comunidad de discípulos de Jesús de Nazaret. Examinaremos luego la composición social de la comunidad de discípulos y como ella, con su práctica de incluir a los que estaban social y culturalmente marginados, puso en tela de juicio a la sociedad patriarcal y piramidal de su tiempo. Continuaremos con un análisis de la dimensión liberadora de la comunidad de Jesús en una realidad en la cual existían muchas formas de opresión e injusticia veladas o abiertas, para, finalmente, pensar en las lecciones de la Política del Espíritu para nuestros días que se exprese en una propuesta de acción ciudadana que dé cuenta de una comprensión más integral de la vida en el Espíritu.

La sociedad patriarcal

La respuesta de Jesús a los emisarios de Juan el Bautista (Lc. 7:22), con gestos prácticos de valoración de la dignidad humana de los grupos sociales descartables en la sociedad de su tiempo y con palabras que daban cuenta de su misión liberadora en favor de ello; además de describir la realidad de exclusión y marginación de estas personas, fue también una crítica directa a la mentalidad patriarcal y a las prácticas de exclusión socialmente aceptadas en el mundo cultural judío del primer siglo. La sociedad patriarcal en la cual Jesús vivió y cumplió su misión liberadora, como ocurría en las sociedades humanas del Asia menor en el primer siglo, tenía características específicas:

Al igual que en la gran mayoría de sociedades humanas, también en Asia Menor la sociedad era piramidal: en la cúspide de la pirámide, la aristocracia, y en la ancha base, el conjunto del "proletariado"; los honorables y los humildes.[1]

En esas sociedades:

> La estructura familiar era netamente patriarcal: el *pater familias* era la autoridad máxima, y todos los miembros de la casa ocupaban su lugar en relación con él. La virtud por excelencia en el ámbito doméstico era la sumisión, la obediencia absoluta a los miembros superiores de la familia.[2]

Dentro de ese mundo patriarcal y piramidal, las mujeres tenían muchas desventajas, y estaban en completa indefensión:

> No es ningún misterio que las mujeres en la Antigüedad en general (y en muchos lugares hoy) ocupaban una posición socialmente subordinada, políticamente nula y económicamente relativa… En una sociedad patriarcal y machista como aquélla, eran los hombres quienes dictaminaban la conducta que las mujeres deberían tener y los límites de su expansión personal. Se sobreentendía que su radio de acción era la casa y que debía estar ocupada en los quehaceres domésticos, al servicio de los varones de la familia o de la casa, si no recluida en el hogar. Su mayor virtud era la total sumisión; se esperaba de ellas "modestia" y que estuviesen recluidas en su propio mundo y al servicio de los varones.[3]

A luz de esa realidad, y teniendo como telón de fondo esta situación de subordinación e invisibilidad de las mujeres, se puede comprender porque en según el testimonio de los cuatro evangelios, usualmente y a diferencia de los varones, las mujeres y los niños no eran contados o tenidos en cuenta (Mt. 14:21; Mr. 6:44; Lc. 9:14; Jn. 6:10). Y se puede comprender porque Jesús, a diferencia de lo que ocurría en la sociedad predominante y a contracorriente de sus prácticas de exclusión y marginación; valorizó, dignificó y trató de manera radicalmente distinta a las mujeres, visibilizándolas, y aceptándoles públicamente como miembros de la comunidad alternativa que fue formando mientras recorría las ciudades y aldeas de la marginal provincia de Galilea (Lc. 8:1-3). De esa manera, dentro de la sociedad

---

[1] Eduardo Arens, *Asia Menor en tiempos de Pablo, Lucas y Juan: Aspectos Sociales y Económicos para la Comprensión del Nuevo Testamento* (Córdova, Argentina: Ediciones El Almendro, 1995), p. 53.

[2] Arens, *Asia Menor en tiempos de Pablo*, p. 85.

[3] Arens, *Asia Menor en tiempos de Pablo*, p. 86.

patriarcal del primer siglo, Jesús fue forjando una nueva sociedad en la que todas las personas tenían cabida, rompiendo así con estructuras mentales, sociales, culturales y religiosas que, en la práctica, habían confinado al desván de las relaciones humanas a grupos numerosos de personas, como las mujeres, los samaritanos, los enfermos de todo tipo, los niños y los recaudadores de impuestos. ¿Cuál fue entonces la propuesta social y política de Jesús en esa realidad en la cual las mujeres fueron invisibilizadas junto con otros sectores sociales marginados y excluidos como los cobradores de impuestos? ¿Cómo rompió con las categorías sociales, culturales y religiosas predominantes de su tiempo?

Una nueva sociedad

Jesús de Nazaret, según el testimonio de los evangelios sinópticos, comenzó a anunciar públicamente la buena noticia del reino de Dios desde la despreciada región de Galilea (Mt. 4:23; Mr. 1:14-15; Lc. 4:14-20). De esa manera, desde un oscuro rincón del imperio romano del primer siglo, comenzó a forjarse una nueva realidad que iba a contracorriente de las prácticas de marginación y exclusión socialmente aceptadas en el primer siglo:

> Jesús, el Galileo… anuncia su mensaje desde la insignificancia y la marginalidad. Desde los pobres y despreciados llega la palabra de amor universal del Dios de Jesucristo. Esa misión lo encamina a la confrontación con los grandes de su pueblo que residen en Judea, concretamente en Jerusalén.[4]

Esto explica porque la composición social del movimiento de Jesús fue básicamente de sectores populares galileos:

> …el movimiento de Jesús estuvo anclado originariamente en el campo… y era un movimiento galileo (Mc. 14,70; 1,11; 2,7). La tradición sinóptica está localizada en pequeños lugares, a menudo anónimos, de Galilea. Silencia los lugares mayores como Séforis, Tiberias, Qanah, Jotapata o Giscala… Originariamente el movimiento [de Jesús] se circunscribe al campo. Oímos hablar mucho de campesinos, pescadores, viñadores y

---

[4] Gustavo Gutiérrez, *El Dios de la Vida* (Lima, Perú: Centro de Estudios y Publicaciones-Instituto Bartolomé de las Casas, 2004), p. 197.

pastores y muy poco de artesanos y comerciantes. También son raras las personas instruidas.[5]

Más precisamente se señala que:

> Desde el punto de vista geográfico, los seguidores de Jesús procedían todos originariamente de Galilea, en particular de la orilla septentrional del lago de Genesaret (Cafarnaúm/Betsaida). También allí habitaban la mayor parte de sus discípulos y discípulas.[6]

Los estudiosos del Nuevo Testamento, particularmente del mundo social del primer siglo, resaltan que "la inmensa mayoría de los seguidores de Jesús procedía del *estrato inferior rural*". Jesús mismo fue un *tekon*.[7] Una profesión que indica que Jesús "debe ser colocado en el estrato inferior" de la sociedad de su tiempo, "entre las personas relativamente pobres (*penetes*), aunque no...entre las personas pobres (*ptochoi*)..."[8]

¿A qué sectores sociales se orientó entonces, primariamente, la misión liberadora de Jesús, y quiénes fueron sus primeros discípulos en la marginal y despreciada región de Galilea? Los evangelios sinópticos, unánimemente, registran que fueron los sectores sociales que estaban puestos a un lado, los que no contaban para nada, los despreciados y los ninguneados de ese tiempo: mujeres, enfermos de todo tipo, samaritanos, cobradores de impuestos. Ellos fueron el germen de la nueva sociedad, las primicias de la sociedad alternativa que Jesús fue estructurando en clara oposición a la

---

[5] Gerd Theissen, *Sociología del Movimiento de Jesús: el Nacimiento del Cristianismo Primitivo* (Santander, España: Editorial Sal Terrae, 1976), pp. 47-8.

[6] E. W. Stegemann y W. Stegemann, *Historia Social del Cristianismo Primitivo: Los Inicios en el judaísmo y las Comunidades Cristianas en el Mundo Mediterráneo* (Estella, Navarra: Verbo Divino, 2001), p. 275.

[7] El término *tekon* podría indicar simplemente que era un artesano de la construcción: albañil, carpintero, carretero y ebanista al mismo tiempo. Véase, Stegemann y Stegemann, *Historia Social del Cristianismo Primitivo*, p. 280.

[8] Stegemann y Stegemann, *Historia Social del Cristianismo Primitivo*, p. 274. La diferencia entre *penes* y *ptochoi* en el primer siglo, según un autor, era la siguiente: penes era "todo aquél que no poseía suficientes recursos propios como para poder vivir sin tener que trabajar" y *ptochoi* era "todo el que no podía sobrevivir sin mendigar". Véase, Arens, *Asia Menor en tiempos de Pablo*, p. 146.

sociedad patriarcal y piramidal. Del origen social de los cobradores de impuestos y de las mujeres que seguían a Jesús se afirma:

> La llamada de un publicano, con una reputación tan mala, así como los contactos sociales de los seguidores de Jesús con personas de este tipo, resultan, ciertamente, indicios muy significativos de su condición económica y social… También las mujeres del séquito de Jesús citadas por Marcos debieron pertenecer al estrato inferior.[9]

Los cobradores de impuestos, considerados como traidores a sus compatriotas judíos, debido a su condición de agentes al servicio del imperio romano, son mencionados en los evangelios junto con las prostitutas (Mt. 21:31), los paganos (Mt. 18:17) y los pecadores (Mr. 2:16s; Lc. 15:1), subrayándose así su pertenencia a la capa social más baja y despreciada. De estos personajes impresentables, según la opinión corriente en esos años, se dice que:

> …eran odiados, no solo porque exigían más de lo necesario, sino también porque eran considerados como colaboracionistas del poder extranjero… El movimiento de Jesús era mirado con recelo y con desprecio por los judíos "decentes", precisamente porque recogía también a tipos de esa calaña.[10]

De la presencia de mujeres en el movimiento de Jesús, una práctica infrecuente en la sociedad judía del primer siglo que, incluso Juan en su evangelio registra (Jn. 4:27),[11] y de otros sectores sociales considerados como menos importantes, se indica que:

> Más que ningún otro evangelista, san Lucas acentúa la asociación y trato de Jesús con las mujeres, derribando así —para asombro de todos— una barrera social y religiosa impuesta por la sociedad patriarcal de sus días. El Jesús lucano está abierto a los que *oficialmente* quedan al margen, como

---

[9] Stegemann y Stegemann, *Historia Social del Cristianismo Primitivo*, p. 277.

[10] Giuseppe Segalla, *Panoramas del Nuevo Testamento* (Estella, Navarra: Verbo Divino, 1989), p. 18.

[11] En "Oriente no participa la mujer en la vida pública; lo cual es también válido respecto al judaísmo del tiempo de Jesús, en todo caso respecto a las familias fieles a la ley." Véase, Joachim Jeremías, *Jerusalén en tiempos de Jesús: Estudio Económico y Social del Mundo del Nuevo Testamento* (Madrid, España: Ediciones Cristiandad, 2000), p. 449.

el centurión gentil... y los samaritanos... Jesús se llega a los leprosos... y la solicitud por los pobres es tema constante de su predicación.[12]

Y se dice que en la sociedad patriarcal del primer siglo:

> El solo hecho de que hubiera mujeres colaborando con Jesús muestra la originalidad de su actitud...esto no hacía sino alimentar los prejuicios y la hostilidad de quienes se sentían cuestionados por el ministerio del predicador galileo[13]

Toda esta información sobre la nueva sociedad que Jesús fue forjando, constituida mayoritaria y principalmente por los que estaban al margen de la sociedad oficial y en el desván de las relaciones sociales, culturales y religiosas; remarcan que se trataba de una ruptura con los patrones mentales y de relaciones humanas que cosificaban a las personas. Jesús introduce e inaugura así una nueva realidad que cuestionaba la realidad existente. Del forjador de esta nueva realidad, una nueva sociedad en el cual se igualaba a todos aquellos que eran tratados como descartables, como no personas y como inservibles; se afirma que:

> ...Jesús, en contraste con todos los grupos palestinos de la época y en particular con los fariseos, se dirigía a las categorías más marginadas desde el punto de vista socio-religioso: los publicanos, los pecadores, el "pueblo de la tierra", la gente de las aldeas, dispersos por la fértil llanura de Galilea. Hasta los paganos, quizás prosélitos, o al menos "temerosos de Dios", fueron objeto de su ayuda y de su alabanza. En este comportamiento de Jesús se podía quizás vislumbrar ya aquella apertura a la misión universal a la que habría de orientarse la iglesia primitiva.[14]

Emergen así claramente los dos ejes transversales de la buena noticia del reino de Dios: la gratuidad y la imparcialidad del amor de Dios. Gratuidad e imparcialidad que hacen posible que los que están al margen, los ninguneados del mundo, sean los primeros receptores de la buena noticia del advenimiento del Mesías al mundo (Lc. 1:39-56; 2:8-20, 25-32, 36-38) y los primeros que escucharon el mensaje liberador del Mesías y se incorporaron a la nueva sociedad que él introducía e inauguraba en la historia

---

[12] Donald Senior, "Los Fundamentos de la Misión en el Nuevo Testamento", en Donald Senior y Carroll Stuuhlmueller (eds.), *Biblia y Misión: Fundamentos Bíblicos de la Misión* (Estella, Navarra: Verbo Divino, 1985), pp. 188-422.

[13] Gutiérrez, *El Dios de la Vida*, p. 317.

[14] Segalla, *Panoramas del Nuevo Testamento*, p. 111.

humana (Mt. 4:17-22; Mr. 1:16-20). Ellos fueron el foco de su mensaje programático en la sinagoga de Nazaret (Lc. 4:16-20) y los beneficiarios de sus acciones liberadoras cuando respondió a la pregunta de los emisarios de Juan el Bautista (Lc. 7:18-22). A esta nueva sociedad, estructurada de manera completamente radical a la estructura de la sociedad circundante, se la define en los siguientes términos:

> La comunidad de mesa con Jesús supone algo más: es el anuncio de que el tiempo de la salvación ha irrumpido ya. Lo sorprendente es que entre los comensales de la familia de Dios se cuentan pecadores y publicanos. Los pueblos del oriente, para los que la acción simbólica tiene una significación mucho mayor que para nosotros, comprendieron inmediatamente que la admisión de personas religiosas y moralmente excluidas a la comunidad de mesa con Jesús significaban el ofrecimiento de la salvación a los pecadores y la concesión del perdón. Solo partiendo de esta concepción se entiende el agradecimiento ilimitado de Zaqueo, cuando Jesús entra en su casa, la casa de un odiado jefe de publicano (Lc 19:1–10) y solo así se entiende también la apasionada protesta de los fariseos, cuyo sentido es una invitación a los discípulos para que se separen de un hombre que mantiene relaciones con amigos impíos (Mr 2:.16; Lc 15:2; cf. Lc 19:7). El mensaje de Jesús, que anuncia al Dios que quiere relacionarse con los pecadores, halló en la comunidad de mesa con los despreciados su expresión más clara, pero también más chocante.[15]

Pero se tiene que señalar además que, si bien encontraron lugar en esta nueva realidad sectores sociales considerados de menos valía, como las mujeres y los enfermos; también encontraron lugar sectores políticos antagónicos, como los cobradores de impuestos, y los zelotes y los sicarios. Con respecto a la situación de las mujeres y a la acción liberadora de Jesús en favor de ellas, se expresa que Jesús:

> …no se contenta con colocar a la mujer en un rango más elevado que aquél en que había sido colocada por la costumbre; en cuanto Salvador enviado a todos (Lc 7:36-50), la coloca ante Dios en igualdad con el hombre (Mt 21:31-32).[16]

Acerca de la presencia de individuos "impresentables" en el movimiento de Jesús, como los zelotes y sicarios, se afirma que:

---

[15] Jeremías, *Jerusalén en tiempos de Jesús*, p. 262.

[16] Jeremías, *Jerusalén en tiempos de Jesús*, p. 468.

...entre los doce, seguramente hay uno, Simón el Zelote, que había sido miembro del partido zelote antes de hacerse discípulo de Jesús. En otra parte, he demostrado que quizá Pedro Barjona, y casi seguramente Judas Iscariote (cuyo apodo parece contener el apelativo *sicarius*) parecen haber sido antiguos zelotes.[17]

Las diferencias sociales, culturales, religiosas y políticas no fueron entonces un problema insuperable para Jesús, cuando introdujo e inauguró en la sociedad de su tiempo, una comunidad de discípulos cuya composición social difería notablemente de los criterios socialmente aceptados en el mundo judío del primer siglo. Mujeres, cobradores de impuestos, zelotes, samaritanos, entre otros, encontraron en la comunidad de Jesús un espacio de vida y de relaciones sociales de justicia, basadas en otros criterios de valoración completamente diferentes a los que estaban acostumbrados:

> Lo importante es que en una sociedad caracterizada por tener lazos familiares muy estables de raíz religiosa, Jesús hace surgir una comunidad de compromiso voluntario, dispuesta por causa de su llamado a llevar sobre sí la hostilidad de la sociedad... Lo que importa es la calidad de vida a la que es llamado el discípulo. La respuesta es que para ser un discípulo es necesario compartir el estilo de vida cuya culminación es la cruz... [H]ay en la comunidad de discípulos esas señales sociológicas características de aquellos que se proponen cambiar la sociedad: una estructura visible de compañerismo, una decisión sobria que garantiza que el costo del compromiso ha sido aceptado conscientemente, y un estímulo de vida claramente definido, distinto del resto de la gente.[18]

¿No hubo personas vinculadas a los sectores sociales pudientes en la comunidad de Jesús? En los evangelios se registra la presencia de personas como José de Arimatea (Mt. 27:57-60; Lc. 23:50-53; Jn. 19:38), Nicodemo (Jn. 19:39) y las mujeres que seguían a Jesús y le servían con sus bienes (Lc. 8:3), como seguidores o simpatizantes del movimiento de Jesús. Lo mismo ocurrió cuando la buena noticia de salvación cruzó diversas fronteras geográficas, sociales, culturales, religiosas y lingüísticas, asentándose comunidades de discípulos fuera del mundo judío. Personas

---

[17] Oscar Cullmann, *The State in the New Testament* (New York, NY: Charles Scribner's Sons,1973), p. 20-1.

[18] John Howard Yoder, *Jesús y la Realidad Política* (Buenos Aires, Argentina: Ediciones Certeza, 1985), pp. 38-40.

como Lidia (Hch. 16:14-15), las "mujeres nobles" de Tesalónica (Hch. 17:4) y las "mujeres griegas de distinción" de Berea (Hch. 17:12), dan cuenta de esa realidad. De manera más particular, sobre la presencia visible de mujeres en el movimiento de Jesús y en la naciente comunidad cristiana, se precisa que:

> Un vistazo al libro de los Hechos, confirmará esta impresión en cuanto al importante rol desempeñado por las mujeres en la difusión del evangelio: Dorcas, Priscila, las cuatro profetisas hijas de Felipe, cuya fama se divulgó en siglo II, las mujeres de la clase alta de Berea y Tesalónica y otras. Las Epístolas nos ponen frente a una diaconisa [Febe], y posiblemente a una mujer apóstol [Junias]. Ocho de las veintiséis personas mencionadas en las salutaciones de Romanos 16 son mujeres, y las rivalidades entre las obreras cristianas dedicadas al evangelismo se censuran en Filipenses 4. El papel desempeñado por las mujeres es aún más notable si se tiene en cuenta que tanto los círculos judíos como los paganos constituían mayormente un mundillo masculino.[19]

De este comentario se deduce que la composición social de la naciente comunidad cristiana, cuando cruzó otras fronteras culturales, tuvo una notoria presencia femenina y una diversidad social y cultural que contrastaba notablemente con el patrón excluyente de la sociedad circundante. Así, por ejemplo, los misioneros cristianos itinerantes, todos ellos laicos, provenían de diferentes lugares y trasfondos, como Sópater de Berea, Aristarco y Segundo de Tesalónica, Gayo de Derbe, y Timoteo; y de Asia Tíquico y Trófimo (Hch. 20:4). Esta realidad explica porque se afirma que desde su comienzo "el cristianismo fue un movimiento laico, y así continuó siendo por un tiempo notablemente largo" (Green 1979:27). Y, en su proceso de expansión misionera, se fueron formando comunidades de discípulos como la de la ciudad de Corinto que, según el apóstol Pablo tuvo una composición social diversa (1 Co. 1:26-28). La comunidad de discípulos de la ciudad de Filipos tuvo también una composición social diversa, ya que entre los primeros discípulos se encontraban la comerciante Lidia, la muchacha que tenía espíritu de adivinación y el carcelero de la ciudad (Hch. 16:11-34). Y parece que así fue también en otros lugares del imperio romano, si se tiene en cuenta lo que el apóstol Pablo expresa en sus cartas a los Gálatas (Gál. 3:27-28) y a los Colosenses (Col. 3:9-11).

---

[19] Michael Green, *La Evangelización en la Iglesia Primitiva: Los Evangelistas, las Motivaciones, la Estrategia y los Métodos* (Buenos Aires, Argentina: Ediciones Certeza, 1979), pp. 32-3.

¿Cuál fue entonces la composición social de las comunidades paulinas? De las comunidades paulinas se precisa que es:

> ...probable que algunos miembros de las comunidades paulinas fueran, por tanto, relativamente acomodados y quizás deberían ser colocados en el grupo de las personas ricas de su ciudad, pero carecían, ciertamente, de los rasgos decisivos de la pertenencia al estrato superior (nobleza de sangre, poder político, indicios claros de posesión de grandes riquezas)... podemos suponer que, por lo que respecta a las comunidades paulinas en general, a pesar de todas las diferencias existentes entre las diversas comunidades y en el interior de cada una de ellas, en las que encontraban emparejadas personas relativamente acomodadas y pequeños artesanos, comerciantes y esclavos, la mayor parte de sus miembros pertenecían al estrato inferior y, a buen seguro, en gran parte, por encima del mínimo vital.[20]

La construcción de esta nueva realidad que contrastaba y que constituía una crítica directa a la sociedad predominante, implicaba una ruptura clara y abierta con las estructuras mentales y de conducta privada y pública socialmente aceptadas y consideradas como legales en el primer siglo. La ruptura con los valores y las prácticas de la sociedad patriarcal y piramidal del primer siglo condujo, a la larga, a un creciente conflicto con la sociedad circundante, como se puede notar en el registro del avance misionero de la comunidad de discípulos según el testimonio de Hechos de los Apóstoles; ocasionando la muerte de Esteban (Hch. 7), el exilio forzado de los discípulos helenistas (Hch. 8:1-8), la muerte de Jacobo (Hch. 12:1-2) y, luego de varias situaciones críticas (Hch. 14:8-20;16:11-40; 17:1-8), al posterior arresto y prisión de Pablo de Tarso (Hch. 21:1-28:31). La ruptura con los patrones mentales y estructurales de opresión se destaca notablemente en el caso de Filemón, cuando el apóstol Pablo le pide que trate al esclavo Onésimo como su hermano; es decir, le recuerda que la práctica cristiana de amor al prójimo exige ir a contracorriente de las prácticas de opresión, explotación y exclusión socialmente aceptadas y consideradas como legítimas en las sociedades humanas del primer siglo.

¿Cuál fue entonces la política del Espíritu en todo el proceso de inicio, expansión y consolidación de la nueva sociedad que Jesús de Nazaret

---

[20] E.W. Stegemann y W. Stegemann, *La Religión de los Primeros Cristianos: Una Teoría del Cristianismo Primitivo* (Salamanca, España: Ediciones Sígueme, 2010), p. 402.

inauguró e instaló en el mundo judío del primer siglo y que, posteriormente, se estableció en el mundo no judío? Del examen del testimonio del Nuevo Testamento, a la luz de su contexto histórico-cultural, se desprende que la política del Espíritu fue ir a contracorriente de la sociedad patriarcal, forjando una sociedad en la que las diferencias desaparecían y todos eran igualados. Fue construir una nueva estructura mental y tejer nuevas relaciones sociales. Fue cambiar radicalmente el patrón mental de superioridad racial, religiosa y cultural, para establecer una nueva realidad inserta en la sociedad circundante en la cual varón y mujer, judíos y gentiles, griegos y no griegos, tenían el mismo valor, la misma dignidad y las mismas oportunidades. Jesús creó una sociedad de iguales en la que la persona humana valía, no tanto por las posesiones materiales que tenía o por su origen racial, sino por su condición de imagen de Dios.

Queda un asunto final que responder, ¿cuáles son las lecciones que se derivan de toda esta reflexión para las comunidades de discípulos contemporáneas? ¿Cuáles son las estructuras sociales, culturales y religiosas que tienen que ser erradicadas o transformadas radicalmente, porque colisionan frontalmente con la política del Espíritu, con el reino de vida de Jesús de Nazaret? Aunque en la sección siguiente responderemos directamente a estas interrogantes, sin embargo, subrayamos que las estructuras mentales cerradas y verticales que se expresan en distintas formas y niveles de opresión social, cultural y religiosa, tienen que ser confrontadas, erradicadas o transformadas, si se quiere construir una realidad distinta en la cual todas las personas sean iguales, tengas las mismas oportunidades y su valor no dependa de los bienes materiales que posee, de su ubicación en la estructura social, de su trasfondo cultural o del color de la piel.

La Ekklesia en la Polis

La *ekklesia* que Jesús de Nazaret comenzó a forjar y en la cual tuvieron cabida todos aquellos que la sociedad patriarcal y piramidal del primer siglo tenía como sobrantes, introdujo una nueva forma de relaciones sociales radicalmente distinta a la que predominaba en ese tiempo. En la *ekklesia* o comunidad de Jesús de Nazaret las relaciones sociales fueron horizontales. Seres humanos que en la sociedad piramidal no tenían ninguna posibilidad de caminar juntos en público, sentarse en una misma mesa como iguales, o identificarse como miembros de una misma comunidad, encontraron en la comunidad de Jesús un espacio de integración en el cual fueron valorados y tratados como iguales a pesar de las diferencias que los separaban.[21] Zelotes y publicanos caminaron juntos, samaritanos y judíos fueron tratados como iguales, mujeres y varones se identificaron en público como miembros de una misma sociedad; es decir, lo que era imposible en la sociedad piramidal del primer siglo, Jesús de Nazaret hizo que sea una realidad visible y que esa nueva realidad, paso a paso, fuera transformando la estructuras de opresión que habían convertido a un grueso de la población humana en simples objetos o cosas desechables.

A la luz de la experiencia y práctica concreta de la comunidad de Jesús de Nazaret, la *ekklesia* (iglesia) en la *polis* (ciudad), si quiere ser fiel a su llamado y vocación histórica, no puede aceptar como válidas y legítimas las distintas formas de opresión social, cultural y religiosa que son expresión visible de una mentalidad cerrada, vertical y autoritaria. La política del Espíritu camina en otra dirección, choca frontalmente contra toda opresión que cosifica a los seres humanos, y produce una nueva humanidad en la cual desaparecen las prácticas de discriminación y los prejuicios sociales y culturales que separan a los seres humanos. La política del Espíritu produce nuevas relaciones sociales, une a quienes las sociedades humanas separan, y valoriza a quienes son ninguneados y tratados como simples cifras estadísticas.

La *ekklesia* como pueblo de Dios, cuerpo de Cristo y comunidad del Espíritu Santo, tiene una composición social diversa, está ubicada en una realidad histórica concreta y en un marco cultural particular, y tiene una presencia geográfica global. La *ekklesia* forma parte de la *polis* (ciudad) y se relaciona con ella de múltiples formas, aunque tiene principios y un estilo de vida distintos a los que predominan en la ciudad. Precisamente, porque la *ekklesia* forma parte de la *polis* y no es una comunidad a-histórica o ultramundana, los problemas sociales, políticos y económicos que allí ocurren, afectan directamente a sus miembros, así como afectan a cualquier otro ciudadano.

A la *ekklesia* se le describe y presenta en el Nuevo Testamento como una comunidad multiétnica, multicultural y multilingüe. Esta realidad,

---

[21] Joachim Jeremías, *Abba: El Mensaje Central del Nuevo Testamento* (Salamanca, España: Ediciones Sígueme, 1981), pp. 42-4.

comprobable en cualquier situación histórica actual, puede explicar porque se afirma que la comunidad de discípulos de Jesucristo, desde un comienzo:

> ...congregó a las personas por encima de las barreras culturales y nacionales, y parece que reforzó la impresión de hacer realidad algo que podía convertirse en consenso de todos los humanos.[22]

La iglesia entonces, como una nueva realidad o una nueva sociedad, debido a su naturaleza y estilo de vida radicalmente distintos a los de la realidad histórica en la cual está localizada, tarde o temprano tendrá que confrontarse abiertamente con las estructuras de opresión presentes en las sociedades humanas en las que cumple su misión de ser luz del mundo y sal de la tierra. ¿Cuáles son las estructuras de opresión presentes en la *polis* con las que la comunidad de discípulos de Jesucristo, la *ekklesia* se confronta actualmente?

En la estructura mental de buena parte de los ciudadanos de las sociedades humanas actuales, no solo de América Latina y el Caribe, existen prejuicios sociales y culturales sobre los cuales se asientan prácticas de opresión que se expresan en las relaciones humanas cotidianas, sea en el espacio privado o en el espacio público. Problemas sociales que afectan directamente a los sectores indefensos, ninguneados y postergados como las mujeres, los campesinos, los inmigrantes, entre otros, son el machismo, el racismo y la marginación. Todas estas son prácticas habituales de opresión en las sociedades humanas que ocurren también, lamentablemente, en el seno de las iglesias evangélicas. La *ekklesia* en la *polis*, entonces, se tiene que confrontar con estas prácticas de opresión contrarias a la propuesta social y política del reino de vida de Jesús de Nazaret.[23] Tiene que ser así, porque en el reino de vida de Jesús de Nazaret, nadie es ninguneado o postergado, las injusticias y los prejuicios no tienen lugar, la mujer no es menos importante que el hombre, todos tienen igual dignidad y derechos, y la reconciliación y el perdón son una realidad que se practica cotidianamente.

---

[22] Theissen, *Sociología del Movimiento de Jesús*, p. 355.

[23] Jeremías, *Jerusalén en Tiempos de Jesús*, p. 263.

Aunque ya no tenemos sociedades patriarcales como las que existían en el primer siglo, sin embargo, todavía se mantienen prácticas de exclusión y marginación basadas en el machismo o la supuesta "superioridad" de los hombres sobre las mujeres. La mentalidad machista expresada en prácticas de opresión en contra de las mujeres invisibiliza a las mujeres, las confina al ámbito privado de la vida, les asigna un papel subordinado en la familia y en el espacio público, y las acostumbra a aceptar resignadamente un papel secundario en la vida privada y pública. El machismo cosifica a las mujeres, las instrumenta en favor de la "superioridad" masculina, y las convierte en simples maquinas reproductoras de hijos o en objetos sexuales a disposición de los hombres. La existencia de estas prácticas opresión en contra de las mujeres, tanto en la ciudad como en la iglesia, debería llevarnos a luchar activamente para que se dé un cambio de mentalidad y de relaciones varón-mujer en la familia y en la sociedad. Y debería conducirnos, además, a examinar cómo estamos transmitiendo personal y comunitariamente la buena noticia del reino de Dios y su justicia, y cómo estamos viviendo en el día a día el mensaje de justicia, reconciliación, perdón, paz y libertad que proclamamos públicamente.

Otro de los problemas que dan cuenta de que existen todavía prácticas de injusticia dentro y fuera de la comunidad de discípulos es la marginación que a menudo camina enlazada con el racismo velado a abierto expresado en las palabras y en el trato al prójimo que se considera de menor valor. ¿Las relaciones sociales en la comunidad de discípulos, es igual en todos los casos, o depende del color de la piel, del país del cual se proviene, de los bienes materiales que se posee y de las amistades que se tiene? ¿Las mujeres tienen igual acceso que los hombres a las posiciones de poder en todos los niveles de la iglesia? ¿La opinión de las mujeres tiene el mismo peso que la opinión de los varones? Todas estas preguntas apuntan en la misma dirección. Todavía existen prácticas de marginación y discriminación en el seno de la iglesia, prácticas que son una negación de nuestra condición y vocación de nueva humanidad en Jesucristo. Y se trata de una realidad que, antes que ser negada o maquillada, tiene que ser reconocida y debe conducirnos al arrepentimiento para que se dé un cambio de mentalidad y de práctica. Solamente así cumpliremos con nuestra vocación irrenunciable de ser luz del mundo y sal de la tierra.

La práctica de la comunidad de Jesús de Nazaret seguida por las comunidades de discípulos que se fueron estableciendo en diversos lugares del imperio romano del primer siglo, fue una práctica de relaciones sociales nuevas, según la cual, todos tenían igual dignidad e iguales oportunidades; rompió con las estructuras mentales cerradas, verticales y autoritarias que predominaban; forjando una comunidad de iguales con relaciones sociales horizontales. Esta comunidad de iguales que contrastaba abiertamente con las sociedades piramidales del primer siglo, sigue siendo un desafío permanente para las comunidades de discípulos actuales que con frecuencia reproducen los prejuicios y las prácticas de opresión corrientes en las sociedades humanas en las que están localizadas.[24] Y es también un desafío para las sociedades humanas en las cuales el principio de igualdad de oportunidades para todos, con frecuencia, no pasa de ser una declaración de buenas intenciones, porque todavía se mantienen, justifican y legitiman legalmente o se aceptan socialmente, prácticas de opresión como el machismo, el racismo, la marginación y la exclusión que afectan a miles de indefensos ciudadanos.

---

[24] Oscar Cullmann, *Jesús y los Revolucionarios de su Tiempo* (Barcelona, España: Herder, 1980), pp. 78-80.

JUNTOS EN LA LUCHA POR LA VIDA Y LA VIDA EN EL ESPIRITU

Elizabeth Salazar Sanzana

El Espíritu de la verdad, a quien el mundo no puede recibir, porque no le ve ni le conoce. Pero vosotros le conocéis, porque mora con vosotros y estará en vosotros. (Juan 14:17)

Uno de los textos más conocidos de la literatura mundial es "El Principito" de Saint-Exupéry.[1] Recientemente, lo leíamos con un grupo de niños y niñas de escuela primaria y, a una de las niñas le causó mucha gracia el señor del farol, porque 'el pobre hombre' no se daba cuenta que 'de nada sirve un farol del que nadie disfruta'. Varios niños del grupo se identificaron con el pequeño príncipe que quería buscar una salida al problema que tenía el farolero. Me hace mucho sentido, iniciar este aporte evocando la conversación del principito y el farolero y la risa de esta niña. El señor del Farol lo prendía y lo apagaba al amanecer y al anochecer, porque así era la consigna, y el principito no entendía ese comportamiento tan absurdo. Este pensó que la consigna había cambiado, pero no, lo que había cambiado era el planeta que giraba más de prisa. Así que no podía hacer otra cosa que prender y apagar el farol, pues era lo que debía hacer.

Con la misión de Dios, nos preguntamos analógicamente ¿ha cambiado la consigna? Sabemos que ha cambiado nuestro planeta, pero ¿qué significa que mantengamos la consigna y seamos fieles a ella? ¿Tiene sentido prender y apagar el farol, si nadie lo disfruta? Pues bien, hemos corrido tan de prisa para cumplir con la agenda de la misión de nuestras iglesias e instituciones, intentando ser eficientes, pues somos medidos por los resultados, que hemos dejado el placer del hacer, del buen vivir. La reflexión de esta presentación parte de esa inquietud. Me parece que somos como el farolero, que hemos seguido la consigna, o hemos tomado el mandato tan en serio, que no hemos percibido lo distante que estamos de disfrutar la experiencia de prender y apagar el farol. Simplemente nos hemos resignado a hacer la tarea, pues esa es la consigna y eso es lo que nos han enseñado.

---

[1] Véase, Antoine de Saint-Exupery, *El Principito* (Col. La Loma Tlalnepantla, Estado de México: Editorial Digital UNID, 2014).

Así que me interpelan algunos puntos sobre este tema:

Juntos

El Apóstol Pablo exhorta a los efesios a estar j*untos velando, perseverando en oración* (Ef. 6:18) y nuestro documento base lo reafirma. Debemos asumir la unidad como parte de la buena nueva del Reino de Dios. Esta unidad no es solo el estar juntos y juntas, sino estar en integración con nuestro prójimo. Es el reconocimiento de la otredad,[2] en relaciones justas, sin miedo a la diversidad. Es asumir que hemos sido llamados y llamadas por el mismo Dios Trino y esta unida implica declarar que somos parte de toda la creación. Es 'estar juntos y juntas' en diálogo genuino, en compañerismo y reconocimiento pleno, de que la diversidad es parte de lo que fortalece la unidad.[3]

No es '*tolerancia*', en que yo me propongo, desde mi espacio de comodidad y poder, a tolerar al otro(a). No, no está basado en relaciones de poder injustas, en las que me propongo 'soportar' al otro(a). Sin duda que es válido que nos unamos a nuestros pares cercanos, que hagamos el ejercicio de esforzarnos y provocar esos encuentros que estimulan buenas relaciones. Acá es bueno recordar lo que dice el profeta "¿Andarán dos juntos, si no estuvieren de acuerdo?" (Amos 3:3). Con todo eso, Jesús fue más allá de esa postura, nos convocó a la *novedad de vida del evangelio, que es el amor.*

Estar juntos y juntas en unidad, es asumir que somos compañeros y compañeras transitando por el mismo camino: Jesucristo, pero con diferentes ritmos. Estar juntos y juntas, en complicidad, en mutualidad, nos permite superar toda injusticia en nuestras relaciones de género, clase o raza. Como planteamos anteriormente, no como una actitud políticamente correcta, sino como una que fluye de la convivencia (convivir juntos).

---

[2] Sobre esta idea de 'otredad', véase, Daniel Orlando Alvarez, *Latin@ Identity in Pneumatological Perspective: Mestizaje and Hibridez* (Cleveland, TN: CPT Press, 2016), pp. 78-81

[3] Apolinar, López-Miguel, "La Falta de Reconocimiento del Otro, Afecta la Convivencia Escolar", *Ra Ximhai* 12.3 (Mayo 2016), pp. 445-55.

En esto es fundamental acentuar la importancia del 'estar juntos y juntas' y seguir siendo diferentes.[4] Estar juntos y juntas sin conocernos, porque somos de diferentes continentes, sin tocarnos, sin sentarnos a la mesa, que es tan importante para nosotros los cristianos y cristianas, pero anhelándonos, reconociéndonos y deseando un día sentarnos en el banquete eterno. Estar juntos y juntas, unidos en el Espíritu, por amor.

Nuestra lucha

Acá prefiero decir, 'nuestras luchas', pues estamos con diversos problemas que debemos enfrentar. El Apóstol nos advierte que es posible que algunos, incluso con apariencia angelical, anuncien 'otra consigna' (siguiendo el cuento del farolero), otro evangelio (Gál. 1:8). Parece difícil, pero solo basta con atender a algunos de los discursos religiosos que hoy se propagan en los medios de comunicación. En sus programas no espacio para leer la Biblia, no hay comunión entre niños(as), jóvenes y ancianos, cada uno celebra por separado. Las iglesias de las grandes ciudades no se unen, ni se acercan a las iglesias marginales y viceversa. Creo que a estas luchas hay que darles nombres, y esta es una de ellas, estamos divididos por comodidad.

Como protestantes y evangélicos latinoamericanos, hemos crecido en número y hemos avanzado geográficamente. Claro que no podemos ver con pesimismo a nuestra actual geografía religiosa, somos parte de ella; pero tenemos que ser honestos y asumir que en muchos espacios televisivos muchas de nuestras congregaciones están transmitiendo y ofreciendo un pseudoevangelio.[5] En algunas ciudades, la lucha cotidiana nos ha superado y hoy nos sentimos avergonzados de no saber cómo ser fieles a nuestras herencias, dar razón de nuestra fe y ser plenos en Cristo, sin caer en las recetas 'mágicas' importadas de otros contextos, para 'mantenernos vigentes'. Tenemos miedo del cierre de templos y de ser considerados pastores o ministerios fracasados. Muchas veces a nombre de la necesaria

---

[4] Véase, Suzanne Majhanovich y Christine Fox, "Living Together: Education and Intercultural Dialogue", *International Review of Education* 54.3-4 (2008), pp. 287-97.

[5] Heinrich Schäfer, "La Generación del Sentido Religioso: Observaciones Acerca de la Diversidad Pentecostal en América Latina", en Daniel Chiquete y Luis Orellana (eds.), *Voces del Pentecostalismo Latinoamericano III: Identidad, Teología, Historia* (Concepción, Chile: RELEP, 2009), pp. 45-72.

renovación litúrgica, hemos cambiado permisivamente nuestros contenidos y la misión se ha confundido con estrategias de mercado. Esta parece ser nuestra lucha mayor.

La iglesia, guiada por el Espíritu Santo, está llamada a manifestar el plan de Dios y vivir la vida en el Espíritu. Sin embargo, por estar en esta situación de hermandad con diferentes grupos eclesiales, nos privamos de echar fuera a los espíritus de muerte que habitan en nuestros medios. No usamos la autoridad dada por Cristo para anunciar las buenas nuevas con poder. Es claro que para hacer esto, hay que ir en contra de la corriente, pues "nuestra lucha no es contra carne ni sangre" (Ef. 6:12). Es decir, debemos aprender a probar los espíritus y reprender o echar de nuestro entorno lo que no es parte del reino de Dios. En esta lucha diaria nos diluimos y si no actuamos diligentemente corremos el riesgo de perder nuestra identidad: Somos iglesias cristianas con poder de vida.[6] En algunos casos, hemos pasado a ser solamente clubes sociales, talleres de manualidades o simplemente espacios terapéuticos pasajeros. Podríamos tener todos estos beneficios, pero como parte de la bendición añadida y no el todo. Si estas bendiciones se convierten en lo más importante, entonces perderemos la voz profética y, no sabremos como responderle a Dios cuando nos pregunte ¿A quién enviaré? o, ¿Quién irá? (Is. 6:8)

Nuestros pueblos latinoamericanos y caribeños tenemos en común, con todo el tercer mundo, la constante necesidad de luchar por la sobrevivencia, en nuestros contextos de muerte.[7] La miseria no es solamente económica, sino cada día la miseria se deja ver en la propia construcción social de la población. Por eso, son contextos complejos en que el evangelio debe responder integralmente a las necesidades del ser humano. Si la manera en que nos acercamos a la vida en abundancia que Cristo nos ofrece, nos sabe a leche y miel, es porque solo pensamos en nuestras necesidades espirituales. No estamos tomando en cuenta a los estómagos que gimen por el pan de cada día, tampoco al agua que tomamos, ni la dignidad cotidiana. Así, en nuestro contexto latinoamericano, la lucha por la vida es

---

[6] Véase, José María Castillo, *El Reino de Dios: Por la Vida y la Dignidad de los Seres Humanos* (New York, NY: Desclée de Brouwer, 1999).

[7] Lola G. Luna, "Contextos Históricos Discursivos de Género y Movimientos de Mujeres en América Latina", *Anuario de Hojas de Warmi* 12 (2001), pp. 35-47.

más concreta, en comparación con la realidad que se da en otros contextos. En la sociedad que nos movemos, se nos desafía a pararnos con ambos pies para hacerle frente a las necesidades apremiantes de la vida. Siempre existe la tentación de cerrar los ojos ante la miseria; pero en nuestro caso, la tenemos tan cerca que es imposible pensar en una lucha que no sienta tal necesidad concretamente.

La lucha aquí es a favor de una proclama que afirme la pureza del aire que respiramos, la limpieza del agua que sacia nuestra sed, la fertilidad de la tierra que pisamos y la calidad de la semilla que plantamos. Para algunos, la lucha por la vida no es tan cambiante. La vida solamente cambia en intensidad, ya que la 'lógica de la explotación' humana ha sido parte de la realidad de nuestro continente por más de 5 siglos. Por otro lado, los agentes del mal solo cambian de nombre, pero siguen siendo los mismos enemigos de Cristo'. Es decir, la historia de nuestro continente nos muestra la gran necesidad de predicar el Evangelio de Jesucristo que viene al encuentro del ser humano en su totalidad tomando en cuenta todas sus necesidades.

¿Estamos todos y todas en esta lucha por la vida, que nos despierta y nos mueve a la acción? Esta es la causa que nos puede iluminar y guiar hacia una reconversión (*metanoia*) en la misión. Me refiero a esa misión que nos involucra como sujeto y objeto, que nos involucra como misioneros y 'territorios' de misión.[8] En algún momento, nuestra arrogancia nos puede hacer pensar que estamos actuando desde afuera, como invitados o impulsados hacia la misión, y no reconocemos que somos cada uno y cada una, los primeros llamados a convertirnos a la misión. De esa manera, somos llamados y llamadas al arrepentimiento diario, a la humildad y a percibir con nuestros sentidos cada paso que el Espíritu da hacia nosotros y nosotras. El Espíritu Santo nos anhela y se acerca con ternura, hacia nosotros para habitarnos y habilitarnos para servir a la humanidad.

Nuestra vida

Hoy entendemos la vida de manera más integral. Lo primero que es trastocado por el evangelio es la manera limitada de ver nuestra existencia. Recordemos que nacemos de nuevo y, como nuevas criaturas en Cristo

---

[8] Santiago Madrigal, "La Iglesia en Salida: La Misión como Tema Eclesiológico", *Revista Catalana de Teología* 40.2 (2015), pp. 425-58.

caminamos en novedad de vida. Cuando hablamos de vida, en el lenguaje de nuestra sociedad, se nos remite a lo estético, al dinero, al poder político, a la avaricia y a la vanidad. Sin embargo, la vida que el evangelio proclama no es esa; más bien, es una vida basada en la dignidad, en el respeto pleno del ser humano, tomando en cuenta el sentido armonioso de la creación, en todo lo que somos ante Dios.[9]

Al afirmar la vida nueva revelada en Jesucristo también afirmamos nuestro rechazo total a las propuestas de nuestros sistemas políticos actuales que niegan una vida plena cimentada en la humildad, la justicia, el amor y la dignidad de todo ser humano. Tales sistemas, se caracterizan por negar la vida que nos une a todo lo creado, desechan la sabiduría que fluye de la unión del ser humano con la tierra[10] (*pachamama*), pues acentúan un enfoque totalmente antropocéntrico. Este es un concepto ajeno a las estrategias del crecimiento y desarrollo integral y, es parte de toda estructura injusta que discrimina y se desentiende del que no responde a los modelos establecidos de 'vida útil y productiva', en nombre del progreso. Aquí se incluyen todos y todas las personas, sin discriminar raza, edad y sexo.

Acá es importante recalcar que nuestra vida está diseñada para tener una relación dinámica con todo lo creado. Por esa razón debemos rectificar el mal trato que hemos dado a la tierra y estudiar las sabidurías brotadas ancestralmente y mantenidas históricamente entre nuestros pueblos latinoamericanos. Esto último es urgente y fundamental para que nuestra fe cristiana pueda actuar con justicia. En esta misma línea de pensamiento es esencial recuperar el sentido holístico de la vida. No se trata de esperar que esta unidad se de en la plenitud de los tiempos y que en este tiempo solamente la idealicemos como la promesa de cielos nuevos y tierra nueva, pues, según Jesús mismo, el reino de los cielos se ha acercado (Mt. 3:2) y nos ha entregado toda la fuerza necesaria para vivir la vida plenamente.

De esa manera, la vida recobra la alegría de vivirla. A la hora de entenderla como un bien otorgado por Dios, y no se vive en aquel dualismo que nos

---

[9] Humberto Maturana, *El Sentido de lo Humano* (Santiago, Chile: Comunicaciones Noreste LTDA, 2007), pp. 115-11.

[10] Eugenio Raúl Zaffaroni, "La Pachamama y el Humano", *Veja Magazine* (May 28, 2014), pp. 82-99.

lleva a menospreciar las bendiciones de Dios. La reconciliación dada por Dios no es solo hacia Dios y mi prójimo, sino también para con nosotros mismos y mismas. Del corazón de Dios nace el deseo que nos amemos, que volvamos a mirarnos y nos reconciliemos con nuestras frustraciones y temores, con nuestras pasiones y debilidades. Es cuando entendemos esta vida que Dios nos ha dado que la misión comienza a consumarse en nuestro cuerpo, nuestro territorio y nuestras relaciones con otros seres humanos y con la creación. Así logramos ver la vida, a la que hacemos referencia, con la integralidad que Dios quiere y, abrazamos a la creación dejándonos abrazar por ella.[11]

Nuestra lucha por la vida

La lucha por esta vida, a la cual hemos hecho referencia, nos llama a una actitud de vida *contra cultura* en reiteradas oportunidades. Es muy claro, que estamos rodeados por la imposición de dinámicas sociales extrañas que niegan la validez de la religión (cualquiera sea) y eso nos obligan a definirnos en la lucha por la vida. A principio del siglo XX, los pentecostales se desarrollaron como una contracultura y esto llevó a que permanecieran en constante lucha.[12] Una vida espiritual que propuso una manera de ser ciudadano, de ser persona, de ser iglesia y, que sigue hasta hoy en algunos lugares.

La proclamación del evangelio nos lleva a luchar por la vida y, en términos concretos, en defensa de los oprimidos. Luchar por aquellos y aquellas que han sido despojados del derecho de vivir dignamente, por personas que han pasado tanto en una vida de alienación, olvidándose del gusto, del

---

[11] Los aportes de Ivone Gebara en su producción eco-feminista, nos ha llevado a rescatar esta mirada de nuestra vida en una perspectiva holística. Véase, Ivone Gebara, "Pluralismo Religioso, Una Perspectiva Feminista", en Luiza E. Tomita, José M. Vigil y, Marcelo Barros (eds.), *Teologia LatinoAmericana Pluralista da Libertação* (São Paulo, Brasil: Editora Paulus, 2006), pp. 277–98.

[12] Véase, por ejemplo, Leonildo Silveira Campos, "De Políticos Evangélicos a Políticos de Cristo: La Trayectoria de las Acciones y Mentalidad Política de los Evangélicos Brasileños en el Paso del siglo XX al siglo XXI", *Ciencias Sociales y Religión/Ciências Sociais e Religião* 7.7 (2005), pp. 157-86.

buen olor y de la vida. Tales personas se han olvidado del buen vivir. Ellos son los y las desplazados, migrantes indocumentados de las grandes urbes.

Pero también está nuestra propia lucha, que involucra las tentaciones a las que estamos expuestos, de negar lo que Dios ha hecho por nosotros. La iglesia y cada uno que forma parte de ella, luchamos, cuidando esta preciada salvación con temor y temblor. Todos hemos conocido a personas que han sido muy activas en causas progresistas y a la hora de acomodarse en algún puesto de liderazgo eminente, se olvidan de toda su opción a favor de los más desvalidos. Por esa razón, debemos incorporar a nuestras vidas en la tarea de la evangelización. De ninguna manera podemos dejar de clamar por nosotros mismos, pues necesitamos la sabiduría del Espíritu de Dios (Ef. 1:17, St. 1:5). La lucha no es solo para los demás, pues nos incluye e involucra también a nosotros, de tal manera, que nos es solo por los y las demás. Necesitamos estar siempre pendientes de nosotros(as) mismos y de la doctrina (1 Tim. 4:16). Nuestra lucha también tiene una dimensión personal que nos hace parte y debemos confesar y admitirlo.

Es verdad que estamos en medio de una sociedad tan individualista que nos aleja peligrosamente de las comunidades locales y nos separa de los espacios masivos. La característica de esta sociedad individualista nos lleva a pensar que en medio toda la gente solo me importo yo.[13] Es típico observar que en las grandes convocatorias masivas, lo que importa es satisfacer al individuo. No extiste la intención de 'bendecir y bendecirnos haciendo comunidad'. Por ejemplo, hoy en día, las megas iglesias son las que más atraen y aglutinan a espíritus egoístas y consumidores de una espiritualidad basada en el consumismo, emocionalismo e inmediatismo. En dichas congregaciones se quiere ver los resultados de la 'obra de Dios' y, si no se satisfacen las expectativas, hay otras ofertas que compiten con las ofrecidas pero que no tuvieron cumplimiento.

Recordemos lo que nos dice el Apóstol Pablo:

> Porque nuestra salvación es en esperanza; y una esperanza que se ve, no es esperanza, pues ¿cómo es posible esperar una cosa que se ve? Pero si esperamos lo que no vemos, aguardamos con paciencia. Y de igual manera, también el Espíritu viene en ayuda de nuestra flaqueza. Pues nosotros no

---

[13] Friedrich August Hayek, "Quien Controla Todos los Medios, Establece Todos los Fines", en Giovanni Reale y Dario Antíseri, *Historia de la Filosofía* (Bogotá, Colombia: Universidad Pedagógica Nacional, 2010), pp. 70-80.

sabemos pedir como conviene; mas el Espíritu mismo intercede por nosotros con gemidos inefables, y el que escruta los corazones conoce cuál es la aspiración del Espíritu, y que su intercesión a favor de los santos es según Dios. (Rom. 8: 24-27)

Luego entonces, la lucha por la vida nos convoca a anunciar el evangelio que se manifiesta cuando reconocemos que somos humanidad y comunidad y, que se nos requiere vivir en abundancia nuestra convicción de que hemos sido creados por Dios, en la 'perfección de él' y no en la perfección que se ha establecido por parámetros egoístas que funcionan para el mercado. Así que, debemos aprender a apreciar la belleza y el placer que nos han sido concedidos por Dios para la vida y reconocer la diversidad existente en nuestras iglesias, que conlleva no solo el cambio de los patrones estéticos, sino también de los éticos.[14]

Los medios de comunicación tampoco nos presentan un mensaje de respeto por la vida. Más bien nos encontramos con proclamas que se alejan de la integridad de la vida y la creación. En sus mensajes hay signos de muerte y segregación perjuicio y dolor contra la humanidad. Las mujeres, especialmente, han sufrido con las campañas que silencian la violencia, el dolor y el maltrato de gobiernos y leyes abortivas. Ha sido tan manipulada la consigna de la 'lucha por la vida' que finalmente hay que darle explicación a cada palabra que usamos. Por eso la lucha por la vida a la que apelamos tiene que ver con el deseo de Dios para la humanidad, al igual que su misión al crearnos, redimirnos y santificarnos para su gloria. El deseo del Señor es claro, Él oró que seamos uno para que así el mundo crea en nuestro mensaje.

En esto nos ayuda la comunicación globalizada, pues inevitablemente, por más aislados que nos encontremos, a través de los medios de comunicación nos vemos unidos, como seres vivientes de un mismo planeta en riesgos serios de supervivencia. Entonces, cuando hablamos de luchas por la vida, no podemos dejar de reconocer que la vida en abundancia está en Jesucristo y nada más. Él dijo: "Yo soy la vida", por lo tanto, la lucha no

---

[14] Edith Bernal Gonzáles, Diana Elvira Soto-Arango y José S. Torres-Muñoz, "El Arte de la Educación Integral", *Formação Docente-Revista Brasileira de Pesquisa sobre Formação de Professores* 10.19 (2018), pp. 147-70.

es otra obra que la que el propio Espíritu de Dios nos provoca para reconocerle como nuestro Señor y único Salvador.

La lucha por la vida no consiste de sueños utópicos, que si bien pueden ser parte de nuestras esperanzas, estos se manifiestan en sueños. Sin embargo, esta lucha obviamente se extiende más allá de nuestro propio entendimiento. Luego entonces, la misión como lucha y resistencia por la vida es lo que hemos aprendido en nuestro caminar.[15] Entonces, debemos incorporar como nuestra fortaleza la acción de Dios en la historia y la creación. Somos parte de un Dios que actuó en medio del caos y lo ordenó, pero en otras ocasiones fue transgresor del orden establecido.[16] Visto de esta manera, nuestro Dios es transgresor y la misión es de Él. Como iglesia tendremos que acostumbrarnos a intervenir en los escenarios caóticos que esperan la acción transgresora de los hijos de Dios, desde la marginalidad, que traspasan también aquellos espacios ubicados en los suburbios.

La lucha por la vida también nos hace proclamar lo que Dios nos ha dado. Cuando afirmamos que con Cristo tenemos vida y vida en abundancia, pareciera que estamos hablando del respirar y ser parte de la sociedad en la que estamos insertos. La vida en abundancia a la que se nos ha invitado es la que se vive en la energía del Espíritu que se movía sobre la faz de las aguas (Gn. 1:2). El Espíritu Santo es quien nos capacita y nos mueve para que podemos participar de la misión. Hay que dejar claro que esta es la que Dios diseñó para que podamos participar eficientemente en la tarea de la misión. No podemos pensar que depende solo de nuestra propia voluntad, es obra divina.

La vida en el Espíritu

Uno de los puntos fundamentales a la hora de hablar de testimonio es recordar que la respuesta al llamado a evangelizar es el impulso de quien ha recibido el don de Dios. Fluye de manera espontánea, como el ciego Bartimeo, que solo quería dar a conocer que había sido sanado. Cuando hay este nivel de espontaneidad es un poco molesto y no se sabe qué hacer

---

[15] Véase, Peter McLaren, *Pedagogía Crítica, Resistencia Cultural y la Producción del Deseo* (Buenos Aires, Argentina: Paidós, 1995).

[16] Alicia H. Puleo, "Moral de la transgresión, vigencia de un antiguo orden", *Isegoría* 28 (2003), pp. 245-51.

con esa euforia y éxtasis, no obstante, todo jolgorio, toda alegría, debe ser acompañada en la paz de Dios y en el anhelo de ser fiel. Es el deseo profundo de vivir la obra de Dios, en el espíritu, con fidelidad y dedicación, lo que nos lleva a proclamar a Jesucristo.

No toda la respuesta se da de esta manera, sin embargo, la buena noticia para todos es a partir de lo que se ha experimentado, de lo compartido. Cuando el corazón está lleno de amor y agradecimiento se proclama la buena nueva en palabra y obra en inconciencia como en el Juicio Final ¿Cuándo te vimos Señor con hambre? (San Mateo 25) Si hay algo que caracteriza la conversión es justamente esta libertad, espontanea, de respuesta. Evangelizamos movidos por el Espíritu Santo a compartir la fe en confianza y humildad. Es en memoria de la obra de Dios en las vidas de cada uno, que hacemos de la labor de evangelización (misión específica para transmitir el evangelio) una tarea cotidiana, cercana; pues queremos transmitir esa experiencia.

Aquí llegamos al desafío en esta reflexión: la vida en el Espíritu. Dice la Escritura: "No nos ha sido dado espíritu de cobardía" (2 Tim. 1:7), y la lucha por la vida no se puede hacer desde otra trinchera. Muchas veces implicará tener que levantar la voz en defensa de los débiles, o callar para esperar en Dios su justicia. La vida en el Espíritu nos hace pensar y anhelar "cielos nuevos y tierras nuevas", cuando la plenitud de los tiempos sea y cuando Dios sea finalmente "todo en todo" (1 Cor. 15:24-28).

La creatividad en que esto se ha dado en nuestros contextos nos lleva a meditar en que hemos sido sorprendidos por el Espíritu. Sorprendidos y sorprendidas de cómo, desde los suburbios, desde los 'huachos eclesiales',[17] se ha escuchado a las voces del anuncio de esas buenas nuevas; colocando una dinámica que no queríamos acoger, pues no venía de la centralidad del poder de la iglesia institucional. Hablar del Espíritu Santo es asumir que sopla donde quiere y en quien quiere. Es el originador de pentecostés, que no pide permiso e interrumpe transformándolo todo.

---

[17] *Huachos* es una palabra quechua que significa animal y refería peyorativamente a los hijos nacidos fuera del matrimonio, o hijos de madres solteras. Usando críticamente este apelativo, hago referencia a los y a las iglesias que no son parte de las denominaciones históricas o pentecostales clásicas. Me refiero a las llamadas iglesias independientes. Véase, Alfredo Torero, *El Quechua y la Historia Social Andina* (Lima, Perú: Fondo Editorial del Pedagógico San Marcos, 2007).

Por medio del Espíritu celebramos la creación y la creatividad diaria de Dios, que continúa santificándonos y alentándonos. Por medio del Espíritu reconocemos que somos imagen y semejanza de nuestro Dios y logramos discernir qué es lo que nos ha dañado y alejado del buen vivir. Solo cuando vivimos en el Espíritu es que añoramos la vida en su plenitud y, aunque a veces no entendamos con certeza qué significa eso, muchas veces preferimos confiar y descansar en Dios. Por el Espíritu acogemos el llamado de Dios de ser luz en el mundo y sal de la tierra.

Ya aclaramos en la gran reunión de Edimburgo 2010 que la espiritualidad no es solo fiesta para entretener y botar energía o por lo contrario encerrarme a meditar en silencio. La espiritualidad "es el impulso que tenemos cotidianamente para responder en obediencia a la invitación de Dios. Entendiendo obediencia como la respuesta de amor, en libertad al envío, hacia la humanidad y hacia la creación"[18] La espiritualidad de la misión, va más allá de los cultos. Está en la celebración con gozo, de la obra de Dios y de la vida. Hay que trabajar la espiritualidad, la misión y el discipulado como la propuesta de Cristo en su encarnación. Ser parte de las comunidades espirituales es vivir constantemente el desafío identificarse a uno mismo, en inclusividad y en justicia para el 'buen vivir'. No necesitamos que la espiritualidad esté centralizada en el poder de la catedral, o donde esté el mejor predicador o cantante o la cantidad mayor de personas reunidas, pues la Palabra de Dios nos enseña que donde dos o tres estén reunidos en su nombre, él nos promete estar allí en medio (Mt. 18:20).

Estamos llamados a dar testimonio de Cristo y de la vida en el Espíritu Santo, la cual es la esencia de la misión que parte en nuestro propio ser. Estamos claros que hay diversidad de entendimiento sobre el papel del Espíritu Santo en la iglesia, sin embargo, nuestra gran seguridad está en que es el mismo Espíritu el que da testimonio de que Cristo mora en nosotros y nosotras. Además, solo por medio de la mente del Espíritu es que podemos llamarle Señor. Es por el Espíritu Santo que tenemos la presencia permanente de Cristo entre los creyentes y eso nos hace parte de su cuerpo.

---

[18] Elizabeth Salazar-Sanzana, "Oro y Plata no Tengo: Sanidad y Restauración en el Pentecostalismo", en Wonsuk Ma, Veli-Matti Kärkkäinen y J. Kwabena Asamoah-Gyadu (eds.), *Pentecostal Mission and Global Christianity* (Vol. 20, Oxford, UK: Edinburgh Centenary Series, 2014), pp. 124-38 (126).

Vivir en el Espíritu es confesar que por gracia somos salvos y que por esa gracia la iglesia ha sido convocada a vivir la vida de la fe. No es que nosotros(as) le damos la bienvenida, más bien, es el Espíritu quien nos invita ser miembros de su comunidad y nos proporciona todo lo necesario para lograrlo. Esa literatura que presenta al Espíritu como un complemento manipulable de la vida cristiana y que lo instrumentaliza a favor de intereses particulares es dañina.[19] La vida en el Espíritu no tiene nada que ver con el control de las emociones y tampoco tiene que ver con esa corriente religiosa que lo presenta como si se tratara de una 'aplicación opcional' en la vida de las personas y la comunidad.

El Espíritu Santo inunda nuestras vidas en amor y, con todas las virtudes que de este se desprenden. Él nos hace saltar, gritar, cantar, orar, meditar y llorar, de acuerdo a nuestra propia cultura, pero sobre todo, nos llena de 'poder para' servir. Ese poder nos compromete y nos impulsa. El Espíritu nos une y nos manifiesta su constante fidelidad.

La obra del Espíritu en nuestras vidas no es impuesta, al contrario, contiene una invitación amorosa a cultivar una espiritualidad que nos recuerde que en el proyecto de Dios no se trabaja de manera solitaria, ya que Él es nuestro fiel acompañante en los logros y frustraciones de la vida.[20] El Espíritu nos une para caminar junto a los y las suyas. Jamás estaremos solos, no podemos estar solos, porque aunque queramos ser anacoretas, el Espíritu nos convoca en comunidad. La iglesia en misión sólo puede recibir el apoyo de espiritualidades profundamente arraigadas en la comunión de amor ofrecido por la Trinidad divina.

La espiritualidad da un sentido más profundo a nuestras vidas y nos estimula, motiva y da dinamismo a lo largo de la vida. Es energía para una vida que se puede vivir en su plenitud y exige el compromiso de resistir a todas las fuerzas del mal, y a los poderes y sistemas que niegan, destruyen y menoscaban la vida.

---

[19] Véase, Juan López Vergara, "La Importancia del Lenguaje para Alcanzar una Compenetración Profunda con el Espíritu Joánico", *Revista Iberoamericana de Teología* 12.22 (Enero-Junio 2016), pp. 45-115.

[20] Gaspar Fernández Martínez de Larrinoa, "El Acompañamiento de los Cristianos en la Vida Pública", *Corintios XIII Revista de Teología y Pastoral de la Caridad* 162 (2017), pp. 97-131.

A modo de conclusión

Desde hace algunos años hemos estado dialogando ya más abiertamente sobre la vida en el Espíritu. Una vida cristiana que manifieste visiblemente la lucha por la vida en las comunidades latinoamericanas. En esto, la voz de las iglesias en contextos cambiantes y vulnerables es potente. Esto ya comienza a verse en nuestros países de América Latina y el Caribe.

Los antivalores cristianos, promovidos en nuestras sociedades, han provocado que el Espíritu Santo sople reciamente hacia la defensa de los más empobrecidos y nos ha dado no solo valentía para denunciarlo proféticamente, sino que nos ha dado ideas y herramientas para resistencia al sistema de manera sabia. No es de la manera que les gustaría a las personas que están viendo desde el balcón (siguiendo la figura de Juan A. MacKay del *balcón y el camino*),[21] y que opinan críticamente, alejados de su contexto, sino que se trata de la lucha por la vida con defectos, con estrategias que defienden los silencios de resistencia, las protestas y los cantos de evasión.

Una de las características de la misión, cuando es impulsada por el Espíritu Santo, es que la iglesia institucional muchas veces hace o se involucra en lo que no quiere o no ha planeado hacer. Pero el Espíritu Santo ha habilitado a la iglesia a crear comunidades justas e inclusivas. El Espíritu ha roto cadenas ideológicas y, si revisamos bien a la historia nos daremos cuenta que por ese soplo libre del Espíritu se ha logrado la inclusión social de miles de negros, indígenas y discapacitados a nuestras congregaciones.

Recordemos que la incorporación de los indígenas y las mujeres al pastorado en las diversas iglesias en Chile, por ejemplo, se dio tempranamente en las humildes congregaciones pentecostales. ¿Qué diferencia a estas comunidades de las actuales? Simplemente, es la actividad del Espíritu la que empuja a los creyentes a vivir en comunidad y a romper las fronteras de separación. En las comunidades pentecostales encontramos ejemplos de congregaciones amorosas que respetan el medio ambiente, que acogen a los migrantes y desplazados y son solidarias con sus necesidades humanas. Esas comunidades que se reúnen a compartir de lo poco que tienen para la mesa de los necesitados y, finalmente estas resultan ser

---

[21] Nicolás Panotto, "Teología entre el Balcón y el Camino", *Lupa Protestante* (Noviembre 2011). *http://www.lupaprotestante.com/blog/teologia-entre-el-balcon-y-el-camino/* Accesado 13 febrero 2019.

los espacios de refugio para las personas que llegan buscando ayuda. Esa acción impide que los migrantes terminen siendo esclavos de inescrupulosos, que se aprovechan de la vulnerabilidad de dichas personas, violentando su dignidad humana.

La misión es de Dios y la ejecuta por el poder de su Espíritu utilizando nuestra fragilidad y limitaciones. Una misión sin su Espíritu no es misión de Dios. Los que conformamos la iglesia somos pueblo de Dios.[22] También somos el cuerpo de Cristo y, principalmente, templos del Espíritu Santo. Por esa razón, somos parte importante de la misión de Dios. Recordemos acá el texto de inicio: "El Espíritu de la verdad, a quien el mundo no puede recibir, porque no le ve ni le conoce. Pero vosotros le conocéis, porque mora con vosotros y estará en vosotros" (Jn. 14:17).

---

[22] Ofelia Miriam Ortega, "Misión y Evangelización en el Siglo XXI", *Caminos: Revista Cubana de Pensamiento Socio teológico* 53 (2009), pp. 11-13.

LIDERAZGO EMERGENTE DE LA DIASPORA LATINA EN LOS ESTADOS UNIDOS

Daniel Orlando Álvarez

Introducción

Al pensar en los Latinos en los Estados Unidos y en lo que tiene que ver el tema de liderazgo, pienso que estamos enfrentando una oportunidad única en donde los Latinos en los EE. UU. tienen mucho que aportar para el continuo pensamiento, desarrollo y participación de la iglesia. Y cuando me refiero a la iglesia no solo me refiero a la iglesia Latina, me refiero al cuerpo de Cristo Jesús en su totalidad. Este potencial debe ser pulido y pasado a través del crisol de la educación y por el fuego del Espíritu Santo. Es un reto grande porque históricamente los Latinos han estado mucho más atrás de sus hermanos y hermanas de otras culturas en este país. Por ejemplo, en el año 2000 una tercera parte de los Latinos en el sistema educativo en los EE. UU. no completó High School.[1] Este es un número demasiado grande que nos dice que tenemos mucho que hacer para que emerja un liderazgo solvente.

De esto se trata esta ponencia. Describiré algunas dimensiones contextuales importantes para el desarrollo de una generación Pentecostal Latina Emergente. Esta ponencia está dividida en dos partes. En la primera mitad describo el contexto estadounidense. Hay estereotipos que indican que la cultura dominante todavía no conoce mucho acerca de nosotros. Segundo, los Latinos no encajamos en los argumentos raciales de los EE. UU. que lamentablemente continúan bifurcados en un discurso *Black-White*. Los Latinos tienen oportunidades de beneficiar a la cultura dominante en esta área. Tercero, el bilingüismo es sumamente importante para los Latinos. En cuarto lugar, describiré del problema generacional que existe dentro de

---

[1] Mark Taylor, "Among recent high school grads, Hispanic college enrollment rate surpasses that of whites", *http://www.pewresearch.org/fact-tank/2013/09/04/hispanic-college-enrollment-rate-surpasses-whites-for-the-first-time/*

los Latinos mismos. Finalmente tocaré el tema de educación que continúa siendo un gran reto.

En la segunda parte de este ensayo examinaré estos problemas a través de una teología Pentecostal. Tenemos mucho que aprender de nuestros valores teológicos y de cómo nosotros podemos edificar puentes entre nosotros mismos y hacia la cultura dominante. Por ejemplo, entre nosotros debemos edificar puentes intergeneracionales. También debemos edificar puentes entre nosotros mismos a la diversidad de culturas latinas presentes en este país. Finalmente, debemos construir puentes hacia la cultura dominante — este tal vez es el proceso más difícil ya que, como dice el *homogenous unit principle*, preferimos lo nuestro. Pienso que la cultura dominante necesita escuchar nuestra voz y necesita mucho de lo que nosotros tenemos. Tocaré estos temas a fondo en lo que sigue.

Características de los Latinos en los EE.UU.

En cierto sentido vivimos entre el encanto y el desencanto con este país. Hay ciertas características importantes de la vida Latina cotidiana que debemos considerar. Este país ha abierto sus puertas a los Latinoamericanos. Pero al mismo tiempo es un país que está en proceso de cerrar sus puertas a estos mismos. Por esta razón debemos aprender de cómo ver al "otro" en esta cultura. No es sorprendente que muchos Latinos miran muy mal el cerrar las puertas a los más menesterosos que emigran al norte. Por ejemplo, Miguel de la Torre dice que este país tiene mucho potencial para ser una fuerza para el bien en este mundo, pero debe ser confrontado y desafiado cuando no vive a la altura de su potencial.[2]

Millones de Latinos están haciendo su vida en este país. Podemos observar cómo Estados Unidos es el tercer país más grande del mundo en términos de personas que hablan español — solo detrás de México y España. El Centro Pew proyecta que al momento viven 57 millones de Latinos en los Estados Unidos.[3] Por alguna razón la migración Latina a los EE. UU. ha

---

[2] Miguel A. de la Torre, *Doing Christian Ethics from the Margins* (Maryknoll, NY: Orbis Books, 2004), pp. 75-6.

[3] Jens Manuel Krogstad, "Ten Facts for National Hispanic Month", *http://www.pewresearch.org/fact-tank/2016/09/15/facts-for-national-hispanic-heritage-month/*. Accesado 21 septiembre 2016.

sido una en la cual estos inmigrantes han retenido sus valores, culturas e idioma más que otras migraciones históricas de otras partes del mundo. Se les critica por esto, pero la realidad es que los Latinos siempre han estado en los EE. UU. Por ejemplo, la ciudad más vieja de este país es San Agustín, Florida, fundada en 1565.[4] Jamestown, Virginia se fundó en 1607 y los primeros Peregrinos llegaron a Massachusetts en 1620. Así que el idioma español siempre se había hablado en los territorios que eventualmente se convertirían en propiedad estadounidense casi dos siglos después. ¿Si siempre ha sido nuestro idioma por qué nos lo quieren quitar?

No Más Estereotipos

A la misma vez somos diversos entre nosotros mismos. Cuando los Latinos escuchan a personas decir, "*mexicans*," muchos lo sienten como un término ofensivo y no porque ser mexicano sea malo, sino porque somos comunidades diversas y cualquier estereotipo de quiénes somos avasallan nuestras diferencias. El Centro Pew dice que 51% de Latinos prefieren identificarse por el país de origen de su familia.[5] O sea, prefieren decir que son puertorriqueños, mexicanos, venezolanos, hondureños o argentinos mucho más que usar la terminología "Hispanic" o "Latino." En otras palabras, prefieren su propia cultura ante un término que los trate de cubrir a todos. Solo un 24% dice que prefiere una etiqueta pan-étnica, o que trate de acapararlos a todos.[6] Casi siete de diez personas dicen que los Latinos (69%) en los Estados Unidos tienen culturas diferentes.[7] Solo el 29% dicen que los Latinos en los EE. UU. comparten una cultura similar.[8]

Esta diversidad es un área de gran reto y potencial. En cierto sentido es un reto porque nos falta entendernos entre nosotros mismos. Algunos Latinos prefieren iglesias de su propia etnia o país de origen. Por ejemplo, en Nueva York existen muchas comunidades Garífunas. Aunque muchos son hondureños, prefieren hablar *Garífuna*, y tener iglesias entre ellos mismos.

---

[4] See: *http://www.staugustinegovernment.com/* Accesado 27 septiembre 2016.

[5] Mark Taylor, et. al., "When Labels Don't Fit: Hispanics and Their View of Identity", *http://www.pewhispanic.org/2012/04/04/iv-language-use-among-latinos/* Accesado 21 septiembre 201).

[6] Taylor, "When Labels Don't Fit."

[7] Taylor, "When Labels Don't Fit."

[8] Taylor, "When Labels Don't Fit."

Doy este ejemplo porque lograr una auténtica iglesia multicultural de personas procediendo de Latinoamérica no es fácil, aunque estos sean del mismo país. Necesitamos desarrollar una auténtica teología multicultural en la cual cada individuo, de cada país y cada cultura, sea respetado y valorado. Este modelo también debe ayudar a entendernos los unos a los otros.

La Situación Racial

Pienso que no solo debemos tratar el área de relaciones intra-latinas, pero también los Latinos tienen el potencial de ayudar el diálogo racial en los Estados Unidos. Por ejemplo, en el diálogo *Black-White* muchas veces no hay cupo para gente "*Brown*." Históricamente no hemos sido bienvenidos a la mesa de discusión sobre raza. Además, pienso que no somos bienvenidos porque cuando se habla con un Latino el diálogo sobre la raza se complica. Las investigaciones acerca de los Latinos demuestran que la idea de raza tal como es proyectada en los EE. UU. nos incomoda. Por ejemplo, el centro Pew dice que la mitad (51%) de Latinos identifican a su propia raza como "otra" en las encuestas. El 36% se identifican como "White," y el 3% dice que es "Black."

Debemos matizar nuestro concepto de identidad. Reducir nuestra identidad a la base de raza o el color de tez es deshumanizar a una persona. En ciertas maneras no encajamos en los conceptos raciales de este país. El filósofo José Vasconcelos dijo que somos la raza cósmica porque precisamente somos tan mixtos que podemos identificarnos con muchas culturas alrededor del mundo.[9] Algunos Latinos parecen asiáticos o africanos, otros parecen provenir del medio oriente y algunos parecen europeos. La esperanza de Vasconcelos es que se eduque a cada persona a ver que son iguales a los demás, a pesar de estas diferencias. Vasconcelos estaba muy interesado en fusiones interraciales que forman los pueblos Latinos, o el *mestizaje*. Y en términos de identificación, se experimenta una falta de certeza apodíctica al delinear lo que significa ser Latino. Pero la conversación al nivel norteamericano con su enfoque en la "pureza" de la raza siempre nos obliga a hablar en términos de aquellos que no tienen

---

[9] José Vasconcelos, *The Cosmic Race: A Bilingual Edition* (Baltimore: Johns Hopkins Press, 1997), p. 43. También véase Jorge J. E. Gracia, "Ethnic Labels and Philosophy: The Case of Latin American Philosophy", en Eduardo Mendieta (ed.), *Latin American Philosophy, Currents, Issues, Debates* (Bloomington, IN: Indiana U Press, 2003), p. 59.

pigmentación, con los que sí tienen abundancia de pigmentación. Tiene que haber otra conversación que permita ir más allá del color de la tez y que permita que un individuo sea un sujeto y que forje su identidad libremente en su formación personal.

Muchos critican a Vasconcelos porque piensan que sus palabras indican que uno necesita ser mezclado con razas "blancas" para ser considerado como ser humano. Pero lo que él dice es que debemos ver el mestizaje como algo bueno. Jorge Gracia dice que ser Latino es un caso de considerar al más o menos y no necesariamente un sí o un no.[10] Ser Latino es una red de relaciones entre muchas cosas y no se trata de un idioma ni de raza. Ser Latino es otra dimensión. Somos un pueblo diverso que en su *etos* ha adoptado a diferentes razas.

Esta es un área de mucho potencial. Por ejemplo, dentro de los Estados Unidos muchos Latinos viven a la par de los Afroamericanos en los barrios menos afortunados del país. Para un observador proveniente del mundo suburbano o lugares privilegiados estos aparentan ser lugares muy sucios y pobres. Pero estos barrios son centros de vida y de supervivencia de estos seres humanos. Aquí hacen sus vidas, trabajan, duermen, hacen negocios entre ellos. Sus hijos van a la escuela juntos y se invitan a la iglesia entre ellos. Por lo tanto, debemos ser más intencionales en construir puentes al otro en estas comunidades. Recuerdo muy bien la Iglesia de Dios de la Calle Seis el *Lower East Side* en Manhattan. Esta congregación servía a muchos jóvenes Latinos y Afroamericanos porque compartían mucho en esta comunidad.

Bilingüismo

Otro tema de importancia es aquel del idioma. El 87% de Latinos creen que los inmigrantes necesitan aprender inglés para tener éxito.[11] A la misma vez, casi todos los adultos Latinos (95%) piensan que es importante que las futuras generaciones de Latinos continúen hablando español.[12] Muchas congregaciones Latinas enfrentan un reto generacional ya que la

---

[10] Jorge J.E. Gracia, "Ethnic Labels and Philosophy", p. 59.

[11] Taylor, "When Labels Don't Fit."

[12] Taylor, "When Labels Don't Fit."

segunda generación prefiere al idioma inglés y a la cultura dominante.[13] De Palma describe la situación de muchas iglesias donde los jóvenes se aculturan o adoptan características de la cultura mayoritaria y prefieren hacer las cosas de esa manera. Ellos experimentan una hibridación. Muchas iglesias se dividen por la bifurcación entre idiomas. Algunas iglesias tratan de adoptar modelos bilingües en donde un idioma da el eco durante el servicio. Algunas otras iglesias tienen un culto en inglés y luego otro culto en español. El problema surge cuando un grupo ya no se siente como parte del otro. La pregunta es cómo edificamos puentes entre los unos y los otros.

Generaciones

El problema generacional se manifiesta en lenguaje, pero pienso que también entre los recién inmigrados y la segunda generación. Por ejemplo, el promedio de la edad de los Latinos en los EE. UU. es de 28 años.[14] El resto de la población estadounidense tiene el promedio de 37 años.[15] Por lo tanto se puede decir que la juventud es una característica que define a los Latinos.[16] De Palma también nos advierte que los jóvenes tienen otra cultura y no solo otro lenguaje.

Los Latinos que nacieron fuera de los Estados Unidos tienen un promedio de 41 años.[17] Mientras que el promedio de edad de aquellos que nacieron dentro los Estados Unidos es nada más de 19 años.[18] Cuando pienso acerca de estas estadísticas es importante saber que la primera generación domina más el español. La segunda generación prefiere el inglés. La primera generación viene con sus costumbres inculcadas en sus países de origen.

---

[13] Anthony De Palma, "God's Word Echoing: English Hispanic Pentecostal Churches Face Bilingual Problem", *http://www.nytimes.com/2003/07/02/nyregion/god-s-word-echoing-english-hispanic-pentecostal-churches-face-bilingual-problem.html* Accesado 27 septiembre 2016.

[14] Eileen Patten, "The Nation's Latino Population Is Defined by Its Youth", *http://www.pewhispanic.org/2016/04/20/the-nations-latino-population-is-defined-by-its-youth/* Accesado 21 septiembre 2016.

[15] Krogstad, "Ten Facts for National Hispanic Month."

[16] Patten, "The Nation's Latino Population Is Defined by Its Youth."

[17] Patten, "The Nation's Latino Population Is Defined by Its Youth."

[18] Patten, "The Nation's Latino Population Is Defined by Its Youth."

Mientras que la segunda generación se adapta a la cultura norteamericana más fácilmente. Muchos padres se quejan de que sus hijos no aprecian lo que tienen y que nunca han sufrido. Muchos jóvenes miran de menos a sus padres porque estos no saben lo que es vivir en la cultura americana y las exigencias que estos jóvenes experimentan en el sistema de educación estadounidense. A la misma vez se da el fenómeno en que estos jóvenes tienen oportunidades educacionales que sus padres nunca tuvieron. Así que ellos en algunos casos crecen con más educación que sus propios padres. Esto a veces crea dificultades entre generaciones ya que los menores creen que saben más que los mayores.

Educación

Esto nos trae a otro punto, nuestra educación. En muchos casos, la primera generación no viene con educación formal a este país. Vienen a trabajar. Esto contrasta con sus hijos. Por ejemplo, por primera vez hay más Latinos recién graduados de high school, matriculados en las universidades que estudiantes *White* — 49% comparado al 47%.[19] Y la tendencia de salirse de high school continúa bajando. Solo el 15% de Latinos no completaron high school en el 2012. En el 2000 esta cantidad era mucho mayor — el 32%. Los Latinos ahora son un cuarto (25%) de todos los estudiantes en las escuelas públicas — otro gran hito. Así que nuestros jóvenes hoy son más educados que nunca y muchas veces me pregunto, qué está haciendo la iglesia para acomodarlos. Este es nuestro futuro. Si van a la universidad, estos jóvenes tendrán buenos trabajos, con salarios dignos. El problema es que muchos pastores los maltratan porque no se parecen a ellos mismos.

Pensando Teológicamente de Nuestra Realidad

El asunto es que debe haber un acercamiento estratégico del liderazgo eclesiástico para ministrar, involucrar y preparar la generación emergente para que estos tomen su lugar de liderazgo. Debemos ser intencionales y no actuar de "chiripazo" para que aparezcan líderes emergentes calificados. A veces pienso que creemos que el Espíritu de alguna manera se moverá en el corazón de un joven, al azar. Pero tenemos ejemplos en el récord bíblico de procesos intencionales, como el de los hijos de los

---

[19] Mark Taylor, "Among Recent High School Grads, Hispanic College Enrollment Rate Surpasses that of Whites for the First Time", *http://www.pewresearch.org/fact-tank/2013/09/04/hispanic-college-enrollment-rate-surpasses-whites-for-the-first-time/*

profetas (1 Samuel 19:18-24; 2 Reyes 2; 4:38-44). De alguna manera u otra, personas jóvenes eran apartadas intencionalmente para que estos se desarrollaran en un proceso deliberado.

Si no lo intentamos, seguro que perderemos a muchos jóvenes. Y este esfuerzo también debe hacer en un proceso cíclico, ya que cada generación es diferente y lo que apela a los jóvenes en dicho año puede ser completamente irrelevante el año siguiente. Las modas pasan. Además, hemos visto la importancia de las diferencias generacionales, como entre las culturas de los padres y los hijos.

Nuestra Identidad Ante la Cultura Dominante

Quiero sugerir que uno de los lugares donde iniciamos es explorando nuestra identidad porque no sabemos a dónde iremos sin primero saber quiénes somos. La importancia es que los Latinos necesitan entender sus raíces y cómo éstas interactúan con la cultura dominante. La experiencia Latina en los Estados Unidos se caracteriza por un proceso de hibridez y como dijo Ada María Isasi-Díaz, éstos viven en continua lucha por la supervivencia en este país.[20] Este proceso es uno en el que vivimos en la tensión del guion entre el término *Hispanic-American*.[21]

Esta es una zona marcada por hibridez.[22] La hibridez es un término que se incorporó del latín, *hybrida*. El uso original era para referirse a la mezcla entre una cerda domada y un verraco salvaje. Luego se usó para describir los hijos de un ciudadano Romano y un esclavo. Al pasar el tiempo se usó para describir individuos que no encajaban una raza pura. Siempre hubo una obsesión por el esencialismo o el deseo de mantener todo en orden. La hibridez amenaza al *estatus quo* porque es compleja y complica a la obsesión con esencialismo.[23] Muchos pueblos experimentaron esta hibridez en el mundo colonial, cuando el mundo europeo deseaba mantener su

---

[20] Ada María Isasi-Díaz, *Mujerista Theology* (Maryknoll, NY: Fortress Press, 2004), p. 21; Ada María Isasi-Díaz: *En la Lucha* (Minneapolis: Fortress Press, 1993), pp. 29-30.

[21] Justo Gonzalez, *Reading the Bible Through Hispanic Eyes* (Nashville, TN: Abingdon Press, 1996), p. 79.

[22] Daniel Álvarez, "Towards a Pneumatological Hibridez", Ph.D. diss. (Virginia Beach: Regent University, 2014), p. 100.

[23] Rosemary Bell Dewerse, "Toward Becoming Intercultural in Theological Education", Ph.D. diss. (Auckland, New Zealand: The University of Auckland, 2011), p. 72.

dominación de aquellos pueblos que consideraban como inferiores. En realidad, muchos Latinos experimentan esa hibridez al vivir en los Estados Unidos y al incorporar dimensiones culturales de ambas culturas.

Presento esta descripción porque necesitamos resolver cómo es que acomodamos a una generación híbrida dentro de nuestras iglesias, ya que se parecen y no se parecen a nosotros. Este es un gran reto para la iglesia Anglo, ya que no son blancos y tampoco se parecen a ellos. Afortunadamente, tenemos un modelo teológico en Jesucristo que nos ayuda a ver el corazón de Dios para los marginados de nuestra sociedad. Por ejemplo, Virgilio Elizondo observó estos problemas cuando describió en *The Galilean Journey*,[24] en la experiencia de marginalización de los Mexicanoamericanos. Estos experimentan rechazo por parte de ambas culturas, primero la mexicana, por no ser lo suficientemente mexicanos, y segundo, por los Americanos Anglo, por no ser lo suficientemente *White*. No pertenecen a ninguno de los dos mundos.

Sin embargo, Elizondo ofrece esperanza a nuestro liderazgo. Para comenzar, Elizondo opina que debemos saber leer en ambos idiomas y saber analizar a ambas culturas. Elizondo también cita el ejemplo de Jesucristo. Este se identificó con un pueblo que estructural y culturalmente vivía una situación parecida a la que enfrentan muchos latinos hoy.[25]

Jesús era de Nazaret. Para los judíos, Nazaret era un lugar marginal y sin importancia. La gente que terminó poblando esos lugares era judíos de raza mixta, muy similar a las características de los Samaritanos. Por su parte, los Samaritanos experimentaban un rechazo total de los judíos por condición bicultural. Aunque los de Nazaret tenían mucho en común, eran diferentes en su apariencia física y en sus costumbres también diferentes. El resultado es que éstos no eran aceptables a los de que velaban por la pureza de los judíos en Jerusalén.

Simultáneamente, Nazaret era marginal para los Romanos. Más bien era una aldea sin significado, al margen de otra sociedad sin significado (Palestina) desde el punto de vista de la política romana. ¿Quién, entonces, era este Jesús proveniente de Nazaret comparado con la gloria de César?

---

[24] Véase, Virgilio Elizondo, *The Galilean Journey: The Mexican American Promise* (Maryknoll, NY: Orbis Books, 2000), pp. 52-64.

[25] Elizondo, *The Galilean Journey*, pp. 55-6.

Para resumir, la región de Nazaret, de la cual procedió Jesucristo, era insignificante ante los ojos de los Romanos y de los judíos.

Para Elizondo, esta zona geográfica donde Dios encarnó a Jesús es una gran paradoja que revela el corazón de Dios. Es precisamente por este tipo de persona marginada por la cual vino a Jesús. A través de la encarnación y el *kenosis* de Cristo hay poder redentor para las personas marginadas en nuestras sociedades—tanto para los mexicanos-americanos como para toda persona Latina que vive en los EE. UU.

Los marginados pueden ver cómo Jesucristo se identifica con ellos y esto les da valor aún en su existencia en las márgenes de la sociedad. En el caso de los Latinos sus costumbres tienen mucho valor. Elizondo dice que su comida, idioma, tez y costumbres no deben ser vistos de una manera negativa o inferior.[26] Estas tienen auténtico valor tan auténtico como cualquier otra costumbre cultural. De igual manera, su religión energética y experimental, que incorpora sueños y visiones y la narrativa no son inferiores a la teología sistemática o a las convenciones, normas y decoro de la cultura dominante. Más aún, no son costumbres infantiles. En el paso *kenótico* de Jesucristo vemos como Dios entra la historia humana en las márgenes de la sociedad.

Si consideramos estas cosas, y vemos el ministerio transcultural de Dios, podemos alinearnos y posicionarnos de una manera compasiva con aquellos que son diferentes a nosotros. Esto incluye a nuestros jóvenes. Pero esto va más allá de las relaciones intra-latinas. Tal vez eso significa que también debemos estar dispuestos a asumir posiciones de liderazgo en la iglesia Anglo. Nuestros hijos, como *híbridos* también tienen la capacidad de comunicarse excelentemente y de maneras culturalmente apropiadas. Esto implica a desafíos que hasta ahora no han sido parte de nuestra seria consideración, pero tal vez algún día sí lo será: ¿Estamos preparados para que nuestras oficinas hispanas planten iglesias en el idioma inglés? ¿Estamos dispuestos a evangelizar también al mundo americano? Es muy probable que tengamos una actitud de mucho temor a la cultura americana. Pero nuestros jóvenes ya han comenzado a perder ese temor. Ellos tienen la capacidad de personas híbridas, como en la Biblia. Tal como José en Egipto, Moisés, Daniel, Ester e incluso Pablo mismo. Nuestros jóvenes tienen el potencial para hacer esta labor. Pero en lo que he observado

---

[26] Elizondo, *The Galilean Journey*, p. 56.

parece que preferimos el *ghetto* que tocar la cultura americana. Sé que es difícil para muchos interactuar con la cultura estadounidense, pero muchos de nuestros hermanos norteamericanos están más dispuestos a darnos la bienvenida más de lo que nos imaginamos. Por eso es importante que aprendamos a leer la cultura y que nos volvamos conversantes en esa cultura. Por tal razón debemos darles libertad a nuestros jóvenes para que también aprendan de lo mejor de esta cultura.

A la misma vez debemos ser una voz profética a esta cultura. Seremos medidos por la vara que ellos usan. Tendremos que estar presentes, aprender el idioma y la cultura. Nuestros jóvenes tendrán que aprender qué es lo que la cultura dominante valora y qué es lo que le da a uno la credibilidad de hablarle a la cultura. Y para la cultura dominante: hemos aprendido tus costumbres, tu jerga, y hemos sido educados en tus instituciones. Deja de enfocarte en la pureza del color de tu piel porque ya es tiempo que nos dejen liderar también a nosotros.

En lo que sigue describo un modelo híbrido entre dos mundos que nos pueda ayudar a entender las diferencias entre nuestras culturas y cómo no desorientarse entre los dos mundos. Si usamos la metáfora de Homi Bhabha, las personas híbridas pueden ser gente "puente."[27] Debe haber personas con la disposición de edificar como un puente que une dos bancos de un río. Esta gente debe aprender de los dos lados para poder hablar a ambos bancos del río.[28]

El Tema Intergeneracional y la Voz Híbrida

Una de las principales áreas que ha tocado nuestra discusión es el tema intergeneracional. Hay mucho que cubrir en esta área, pero me enfocaré en el tema del individualismo norteamericano y el sentir comunitario que existe en la cultura Latina. El liderazgo Latino debe ser consciente de la siguiente generación siempre y saber navegar las diferencias entre ellas. Por ejemplo, la primera generación tiende a ser más colectivista, o piensa en términos del grupo y la comunidad. En contraste, la segunda generación toma una actitud más individualista que caracteriza la cultura norteamericana. Juan Francisco Martínez describe cómo piensan los

---

[27] Homi K. Bhabha, *The Location of Culture* (New York: Routledge, 2004), p. 38.

[28] Bhabha, *The Location of Culture*, p. 38.

norteamericanos: el énfasis está en los individuos como agentes potencialmente dotados con derechos fundamentales.[29] Martínez denomina esta actitud como un "individualismo mítico."[30]

Esto contrasta con los valores de armonía del grupo, la cooperación, la solidaridad y la interdependencia que caracteriza la cultura colectivista latina.[31] En la cultura americana los individuos supuestamente son agentes libres como consumidores.[32] El yo está y debe estar en el centro de la acción humana. Esta cultura glorifica a personas que salieron de la pobreza y lograron todo por su propia cuenta. El individuo debe tener una autoconfianza fuerte que rompe con la familia, la comunidad y con la cultura.

Doy este ejemplo porque no podemos restar importancia al papel de la familia y de la comunidad de una persona para lograr que el éxito sea posible.[33] El individualismo norteamericano choca con la cultura latina. Martínez resalta que los que pertenecen a culturas individualistas pueden ayudar a los creyentes de las iglesias colectivistas a encontrar la libertad de la gracia de Dios en Jesucristo. Muchas veces esto es lo que los jóvenes añoran. Experimentan una cultura rajatabla que insiste en cerrar filas. Pero los jóvenes experimentan la libertad de la cultura norteamericana y luego asisten a nuestras iglesias. Lo que reciben es un choque cultural. En la escuela se celebra sus logros, su independencia y su individualidad. Pero en las iglesias Latinas muchas veces el individuo es subsumido bajo una jerarquía rígida de una dirección vertical militante. Se les dice: "sométete." Mientras que a ellos se les ha enseñado a pensar por sí mismos y cuestionar toda autoridad. Cuando preguntan por qué, la respuesta más inadecuada es: "porque soy tu autoridad y te digo que así es y basta." Luego, esto trae muchos problemas y en los peores casos causa un cisma irreparable.

---

[29] Juan Francisco Martínez, "Autopercepción e Individualidad", en Juan Martínez y Mark Branson (eds.), *Iglesias, Culturas y Liderazgo* (Miami, FL: Editorial Vida, 2013), pp. 177-94 (178).

[30] Martínez, "Autopercepción e Individualidad", p. 178.

[31] Martínez, "Autopercepción e Individualidad", p. 178.

[32] Martínez, "Autopercepción e Individualidad", p. 184.

[33] Martínez, "Autopercepción e Individualidad", p. 186.

Sin embargo, Martínez también critica al individualismo norteamericano. Su crítica es perspicaz. El éxito no es nada más el individuo logrando cosas por sí mismo, sino que es: "una cuestión de estar en el lugar correcto en el momento indicado y tener acceso a las personas correctas, y no necesariamente [es] cuestión de trabajar duro y tener dominio de sí mismo."[34]

Esta observación nos recuerda de que muchos de los que trabajan en los EE. UU. están en la parte inferior de la escala socioeconómica de este país y que las posibilidades de movimiento hacia arriba son limitadas. Recuerdo muy bien a un amigo que logró su residencia en este país. Dejó su trabajo porque creía que inmediatamente iba a encontrar uno que era mucho mejor. Pasó un año sin trabajo y tuvo que regresar al lugar de donde salió ganando un salario mínimo porque no lograba encontrar otro trabajo.

Doy este ejemplo porque no podemos restar importancia al papel de la familia y de la comunidad de una persona para lograr que el éxito sea posible. Es un problema que los jóvenes se enajenan de sus familias y de sus sistemas de apoyo, dañando sus familias y a ellos mismos. Deben de siempre recordar de dónde salieron y no olvidar sus raíces. Tal vez tengan éxito como individuos, pero esto no beneficia a sus comunidades. Más bien de lo contrario, esto conlleva un impacto negativo en sus familias o en su red social en conjunto.[35]

Es aquí donde debe haber un mutuo entendimiento. Nuestra teología desafía a ambas culturas, la individualista y la colectivista.[36] Por ejemplo, en el cuerpo de Cristo podemos ver dos dimensiones obrando, el individuo y la comunidad. El individuo tiene dones que el cuerpo necesita.[37] También el cuerpo de Cristo es el que reconoce los dones y permite que el individuo se desarrolle.[38] El individuo es creado por Dios para vivir en comunidad.[39]

Por lo tanto, la generación emergente Latina necesita mentores conscientes de la necesidad de desenvolverse o hablar con fluidez en ambas culturas.

---

[34] Martínez, "Autopercepción e Individualidad", p. 185.

[35] Martínez, "Autopercepción e Individualidad", p. 187.

[36] Martínez, "Autopercepción e Individualidad", p. 192.

[37] Martínez, "Autopercepción e Individualidad", p. 192.

[38] Martínez, "Autopercepción e Individualidad", p. 192.

[39] Martínez, "Autopercepción e Individualidad", p. 192.

La primera generación, por ejemplo, a pesar de sus limitaciones puede rodear a estos jóvenes y servir como un foro de retroalimentación saludable que permita al joven desarrollarse de una manera saludable. Estos deben estar listos para aprender a través de las experiencias de los demás. Si vemos la imagen que surge de los latinos es la de un pueblo joven que necesita desarrollar su liderazgo y que también necesita mentores que caminen con ellos y les dirijan sin aplastarlos.

Pienso que los jóvenes deben aprender de la belleza de sus propias culturas (porque son culturas bellas) y de su fe Pentecostal (porque es una fe bella). En la iglesia hay una necesidad de consolidación y de pastores sabios que sepan trabajar con los jóvenes y leer las diferentes culturas. Porque si no, como nos avisa De Palma, estamos en peligro de perder a la segunda y futuras generaciones.[40]

Conclusión: Hacia Modelos Relevantes

Si consideramos estas cosas debemos trabajar para establecer un modelo relevante y práctico para nuestras iglesias y ministerios. Tenemos que considerar nuestros recursos teológicos y el tipo de modelo que sale de nuestras consideraciones teológicas y qué servirá a nuestros contextos adecuadamente. Particularmente el contexto norteamericano necesita una renovación del evangelio y necesita un liderazgo multicultural que pueda traer unión a la diversidad cultural en este país. Por ejemplo, en Europa se habla del *Global South* (países del hemisferio sur) trayendo el evangelio de vuelta a Europa.[41] Inmigrantes Africanos y Latinos están estableciendo iglesias y evangelizando no solo a los de su cultura sino a los Europeos Caucásicos también. Por lo tanto, necesitamos un discipulado intencional y programas de discipulado intencionales que se puedan llevar a cargo dentro del contexto Latino en los EE. UU.

Debemos comenzar con pastores que sean como los hijos de Isacar (1 Crónicas 12:32), que eran expertos en discernir los tiempos y en saber lo que tenía que hacer Israel, y que todos seguían sus dichos. Los pastores deben

---

[40] Anthony De Palma, "God's Word Echoing in English; Hispanic Pentecostal Churches Face Bilingual Problem", *The New York Times* (July 2003).

[41] Véase, Claudia Währisch-Oblau, *The Missionary Self-perception of Pentecostal/Charismatic Church Leaders from the Global South in Europe: Bringing Back the Gospel* (Leiden, The Netherlands: Brill, 2009).

seguir la educación, especialmente si desean medirse ante esta cultura y poder dirigirse a los problemas que enfrentan los jóvenes de una manera sensata. Esto conlleva dos brazos, la teología y la cultura. Los pastores deben estudiar teología y la cultura donde viven. Si nuestros jóvenes están saliendo adelante en educación, ¿cuánto más nuestros pastores?

Segundo, nuestros ministerios de alguna manera u otra deben explorar las relaciones interculturales y transculturales. Debe haber una manera de hacer servicios de unidad con Afroamericanos, Euroamericanos, asiático-americanos, etc. También deben explorar a sus comunidades para establecer nexos con líderes comunitarios que puedan ayudar en diferentes maneras. Es más fácil trabajar con la policía si ellos conocen algún líder Latino que está en la primera línea de lucha en la comunidad.

En cuanto a nuestros jóvenes y nuestros feligreses, es necesario proveer oportunidades educacionales acerca de su cultura y navegar la tensión con la cultura dominante. El diálogo es de suma importancia. Por ejemplo, hay recursos disponibles que demuestran cómo debemos entrar al proceso intercultural a través de diferentes ejercicios y el diálogo.[42] Corina Tabacaru establece un proceso de reflejar, escribir y de escuchar acerca de experiencias interculturales significativas. Otro autor, Nick Degens, provee ejemplos y simulaciones que pueden ayudar a los estudiantes construir escenarios de situaciones difíciles de situaciones interculturales.[43] Estos ejercicios son diseñados para crear conflictos y para que el grupo trabaje junto para resolver estos conflictos en diferentes dimensiones culturales.[44] También pienso que debemos tratar de buscar sostener programas de discipulado en nuestro contexto que funcionen. Por ejemplo, el LEAD de la Iglesia de Dios provee experiencias y educación a través de Lee University para que los estudiantes sirvan de manera práctica en el

---

[42] Véase, Cornina Tabacaru, *Training Intercultural Competence in the International Classroom: A Qualitative Analysis of Students' Intercultural Awareness.* (Gravenhage: Uitgeverij Eburon; The Hague University of Applied Sciences, 2015).

[43] Nick Degens, lid lectoraat. "Presentation intercultural communication: Making educational games with agents for intercultural training", *HBO Kennisbank, EBSCOhost* (2015). https://www.narcis.nl/publication/RecordID/oai:hbokennibank.nl:hanze_pure_rest%3A2e6bb9ab-e89c-4197-b466-a94bd4a1bc11. Accesado 2 octubre 2016.

[44] Gert Jan Hofstede, *Exploring Culture: Exercises, Stories, and Synthetic Culture* (Yarmouth, ME: Intercultural Press, 2004), pp. 40-5.

ministerio y puedan ser discipulados. Es tiempo de proveer este tipo de recurso para nuestros estudiantes.

Finalmente, debemos buscar la llenura y la investidura de poder del Espíritu Santo. El camino no es fácil. Si trabajamos para la unidad de la iglesia en estas áreas necesitaremos la ayuda del Señor. Yo fui bautizado por el Espíritu Santo en una campaña evangelística donde predicó un Pastor proveniente de México. Estaba pasando por un tiempo difícil y de confusión, ya que era un hondureño que había hecho toda su educación de High School en las Filipinas. Luego vine a este país y pasé por mucho shock. Pero una experiencia inolvidable fue mi experiencia con el Espíritu Santo. Fue una experiencia que me marcó y que de alguna manera u otra me mostró que Dios sobrepasaba cultura, tiempo, e idioma.

The Brown Church

I am the Brown Church.
God calls me mija/mijo.
Brown, black, white, even yellow, are all within me
When Black and White come to talk, my voice is not heard,
I am not invited to the table
I share much with my Black sisters and brothers, yet my voice is distinct
I long, I cry out to be heard for who I am
THE BROWN CHURCH

Yo soy Montesinos, gritando, in 1511, "The Conquest is opposed to Christ"
y Bartolomé de Las Casas, whose eyes like Moses were opened to the
suffering of his people and never looked back
Yo soy Sor Juana Inés de la Cruz,
My heart burns for the treasures of wisdom which are hidden in Christ
Though machismo assails me, aunque está bloqueado el camino, I do not relent

Yo soy Catarina de San Juan, "La China Poblana"
Stolen from Asia, enslaved by Spanish masters, I find freedom as the Bride of Christ
I too hold the keys of the Kingdom
Yo soy Padre Antonio Martínez de Nuevo México
Aunque robaron a Aztlán, I know no nation holds a manifest destiny to decimate the people of another, also beloved of God

In the time of Jim Crow, they called me "wetback," "beaner," "spic," and sent me to "Mexican schools"
Yet, I am Méndez, Bernal, Perales, Calleros. My children are not cows; you cannot place them in a barn.
Yo soy Mama Leo y Santos Elizondo, MUJERES, forged in tongues of fire
Nadie me detendra; El Espíritu del Señor está sobre mí

I am Dolores Huerta and César Chávez
I was raised in the bosom of Abuelita Theology
And know that the cries of the harvesters have reached the ears of God
Unos años después, mis primos huyeron la tierra madre
The land of the Savior, Guatemala, Nicaragua, Honduras, Centroamérica
Argentina, Perú, Bolivia, Brasil, y al resto de Sudamérica
Empujada por el huracán de violencia
Guerrillas, Reagan, priest, all vied for me
Yet on Christ my eyes were fixed

Yo soy los dos alas del mismo pájaro,
Puertorriqueño, Neoyorican, Cubano, y Dominicano también
Though the colonizers have changed, the cries of Las Casas still ring strong in my ears
I am a Dreamer; indocumentado; sin papeles.
No human being is illegal. Jesús es mi refugio. I am a child of God.
I now seek my voice, thoughts of God my own
I also am among the 12
God calls me mija/mijo
I AM THE BROWN CHURCH

- Robert Chao Romero

LA COMUNIDAD DEL ESPIRITU
UNA REALIDAD DEL PENTECOSTALISMO LATINO

José Raúl Febus-París

Introducción

No es ninguna pérdida de tiempo cuando pensamos y reflexionamos en el pentecostalismo hispano en Estados Unidos. La importancia de nuestro quehacer teológico va más allá de nuestros estratos sociales y diferencias étnicas y culturales. El desarrollo del pentecostalismo latino en la diáspora 'gringa' ha sido extraordinario en las últimas décadas. Esto ha sido impulsado por el factor migratorio relacionado con el llamado 'sueño americano', el cual ha funcionado como gasolina para su crecimiento y establecimiento.

Es mi intención a través de este artículo poner en perspectiva el rol y la importancia de la 'Comunidad del Espíritu' en el pentecostalismo latino en Estados Unidos. Explorar sus implicaciones teológicas y discernir la realidad del pueblo pentecostal hispano es un desafío importante en nuestros tiempos. De esta premisa surge las siguientes interrogantes: ¿Cómo el hispano pentecostal experimenta su espiritualidad en un contexto diferente a su lugar de origen? ¿Cómo el Espíritu por medio de sus 'carismas' se convierte en el *Divino Compañero*[1] del latino en su peregrinar cristiano? Por medio de diferentes voces teológicas estableceré un paradigma que nos ayudará hacia la reconstrucción de una pneumatología pentecostal hispana, que se desarrolla y manifiesta a través y en la 'Comunidad del Espíritu'.

La espiritualidad pentecostal hispana

La tercera persona de la trinidad ha jugado un rol importante a través de los siglos. Desde tiempos patriarcales hasta tiempos neotestamentarios, la

---

[1] La expresión Divino Compañero es tomada del libro de Sammy Alfaro, donde él desarrolla una cristología pentecostal hispana enraizada en la figura del Cristo pneumático. Véase, Sammy Alfaro, *Divino Compañero: Toward a Hispanic Pentecostal Christology* (Eugene, OR: Pickwick Publications, 2010).

persona del Espíritu ha estado presente en la manifestación de Dios hacia el hombre. Aun todavía, Dios se continúa haciendo presente por medio de su Espíritu. Ahora bien, a menudo, dentro de nuestros discursos pentecostales se le ha dado un énfasis inapropiado y desmedido al Espíritu, maltratándolo y utilizándolo como un 'cliché' para dar peso a nuestro mensaje pentecostal.

Considerando al pentecostal hispano en la diáspora desde la perspectiva eclesiástica, y en palabras de Jesse Miranda, "debemos darle el lugar que debe ocupar el Espíritu en la comunidad evangélica y pentecostal latina; ya que en la cultura dominante del mundo occidental el Espíritu Santo es conocido como 'la Cenicienta' de la teología".[2] Así pues, la espiritualidad pentecostal latina en la diáspora estadounidense tiene una particularidad especial que se transmite por medio de la celebración comunitaria; en otras palabras, el culto pentecostal. Es allí donde se da la participación en el *ethos* de la adoración pentecostal; esto es, en una experiencia apasionada por medio de las actitudes, la tradición cultural, el estilo de vida, la cosmovisión y la participación social. El culto pentecostal se convierte en un escenario sagrado para el pueblo que en comunidad celebra su fe. Sin embargo, no podemos ignorar una realidad que presenta Eldin Villafañe cuando dice que:

> Los hispanos se encuentran, por lo tanto, en la red de una cultura y un medio social en marcha: la sociedad estadounidense. Por lo general esta los precede (particularmente a los habitantes del nordeste de los Estados Unidos) y disponen de escaso poder como grupo sobre ella para 'construirla' o cambiarla. Dada su condición numérica y minoritaria, junto con su impotencia sociopolítica, no debe sorprender su ubicación en una posición marginal, y por lo tanto oprimida, en esta sociedad. Como minoría étnica y religiosa, los pentecostales hispanos experimentan asimismo la dominación cultural de la cultura católica religiosa, así como la opresión socioeconómica.[3]

Otro punto importante, según Samuel Solivan, el cual no podemos pasar por alto es que,

---

[2] Eldin Villafañe, *Introducción al Pentecostalismo: Manda Fuego Señor* (Nashville, TN: Abingdon Press, 2012), p. 10.

[3] Eldin Villafañe, *El Espíritu Liberador: Hacia una Etica Social Pentecostal Hispanoamericana* (Grand Rapids, MI: Eerdmans Publishing Company, 1996), p. 119.

En contraste con las tendencias contemporáneas que conducen a la despersonalización del Espíritu Santo como el poder, la influencia, o energía, para la pneumatología hispanoamericana, la personalización de el Espíritu Santo juega un papel importante para la afirmación y la autoestima de nuestro pueblo, así como para la potenciación de la iglesia para hacer frente al reto de la diversidad como base de la unidad cristiana.[4]

Nuestra identidad como pueblo, como hispanos, latinas y latinos en un país extraño, se hace posible, y aún más, por el poder transformador y liberador de la obra del Espíritu Santo. Por lo tanto, el Espíritu como el dador de la fe, la esperanza y el amor hace posible que superemos las fuerzas opresoras del grupo dominante que, en ocasiones, buscan deshumanizarnos. Por otro lado, el aumento del pentecostalismo latino se ha centrado en la plena manifestación de lo espiritual. Cada sector exterioriza su necesidad. El latino en su mayoría, siendo pobre y no teniendo recursos a la mano, ha utilizado su fe radicalmente.

Esto no quiere decir que el éxito del pentecostalismo en nuestra cultura hispana ha descansado en un vacío, sino más bien, porque la gente ha aprendido que Dios se revela a su pueblo. Teniendo como resultados grandes avivamientos que han penetrado la sociedad hispana y a su vez, un crecimiento acelerado sin precedentes. Asimismo, es necesario entender el contexto hispano donde se desarrolla nuestro pentecostalismo para hacer una reflexión sólida y práctica que cree aportaciones que definan nuestra "teología del día a día". Para esto, debemos analizar el rol del Espíritu y ver sus implicaciones contextuales a la luz de nuestro escenario hispanoamericano.

El Espíritu en la comunidad pentecostal latina

Diferentes posturas en cuanto al trabajo o ministerio del Espíritu se han establecido a través de la historia de la iglesia cristiana. Desde los primeros siglos de la era cristiana se han levantado voces tratando de ubicar y definir el rol del Espíritu. En relación a lo antes mencionado, me parece muy atinada la discusión de McGrath sobre el debate de la persona del Espíritu

---

[4] Samuel Solivan, "The Holy Spirit—Personalization and the Affirmation of Diversity: A Pentecostal Hispanic Perspective", en José David Rodriguez y Loida I. Martell-Otero (eds.), *Teología en Conjunto: A Collaborative Hispanic Protestant Theology* (Louisville, KY: Westminster John Knox Press, 1997), p. 63.

cuando sostiene que "en el segundo siglo, el escritor Montano, fue un ejemplo de un teólogo enfocado en la actividad del Espíritu en el periodo de la iglesia primitiva".[5] Para Montano era claro poner énfasis en la actividad del Espíritu Santo en aquel momento, particularmente "el papel del Espíritu en relación con los sueños, visiones y revelaciones proféticas".[6] Es interesante ver posturas como la de Montano, Atanasio y otros escritores patrísticos que instituyeron las bases con relación al estudio del Espíritu.

Por otra parte, estas posturas nos ponen en una perspectiva histórica, real, teológica y, ¿por qué no? globalmente ignorable. Entre las posturas contemporáneas, el teólogo evangélico Clark Pinnock, establece lo que él llama la "teología del Espíritu", donde aborda el tema de la espiritualidad de forma global. También identifica al Espíritu "como persona divina en la trinidad social".[7] De acuerdo a Pinnock, "Dios se relaciona amorosamente, porque está enraizado en una comunión divina amorosa."[8] Por otro lado, y desde una perspectiva católica, José Comblin en su obra *El Espíritu Santo y la liberación* argumenta que "la gente en los 'países desarrollados' ahora mismo buscan tener una experiencia espiritual profunda que les de valor; la experiencia de una vida pobre es una experiencia espiritual".[9] De manera que la experiencia espiritual que Comblin habla da un sentido de esperanza para el pueblo oprimido. El pueblo latino es un pueblo marginado, pero cuando se reúne y congrega en la Comunidad del Espíritu se vive una práctica comunitaria que enriquece su propia idiosincrasia.

No obstante, Frank Macchia desde una perspectiva misional, presta atención al énfasis del empoderamiento para el servicio. Macchia sostiene lo siguiente:

---

[5] Alister E. McGrath, *Christian Theology: An Introduction* (Malden, MA: Wiley-Blackwell, 2011), p. 228.

[6] McGrath, *Christian Theology*, p. 228.

[7] Clark H. Pinnock, *Flame of Love: A Theology of the Holy Spirit* (Downers Grove, IL: InterVarsity Press, 1999), p. 22.

[8] Pinnock, *Flame of Love*, p. 23.

[9] José Comblin, *The Holy Spirit and Liberation* (Eugene, OR: Wipf & Stock Pub, 2004), pp. 30-1.

> La investidura de poder es usada por Lucas como un equivalente funcional del bautismo en el Espíritu Santo, aunque es un acto divino que no depende de las normas de la experiencia; Pablo y Lucas comparan el estado de alguien controlado por el Espíritu a una clase de embriaguez de Dios. ...la teología de Lucas sobre el bautismo en el Espíritu tiene un cierto enfoque 'carismático' y misionológico (una investidura para servir con los dones del Espíritu); mientras que la iglesia esta investida para ser testigo vivo en su vida comunitaria, su proclamación inspirada y sus diversos ministerios del espíritu.[10]

Ahora, como mencioné anteriormente, el pentecostalismo latino está salpicado con esa llamada espiritualidad social y empoderamiento del Espíritu para asistir con su labor misionológica; convirtiendo al pentecostalismo latino en una comunidad del Espíritu activa y presente fuera de la actividad eclesial.

Entre tanto, creo que sería importante recalcar la importancia del 'pentecostalismo criollo' como factor de la proliferación del pentecostalismo latino y global. Con relación al pentecostalismo criollo, Juan Sepúlveda lo define "como una forma de religiosidad popular, es decir, como una experiencia religiosa fuertemente arraigada en la cultura e identidad popular".[11] De la misma manera, Carmelo Álvarez señala "que es económica y estructuralmente independiente de cualquier misión extranjera, con un ministerio pastoral autónomo (nativo)".[12]

Como cuestión de hecho, sería interesante considerar lo que Villafañe desarrolla en "tres categorías donde presenta el perfil y el paradigma del pentecostalismo criollo, los tres elementos o tres 'P' son Presencia, Clase Popular y Espiritualidad Primitiva".[13] Siendo estos elementos los que representan y describen tanto la espiritualidad del pentecostalismo criollo como la razón de su crecimiento y proliferación. Dicho de otra manera, la

---

[10] Frank D. Macchia, *Bautizado en el Espíritu: Una Teología Pentecostal Global* (Miami, FL: Editorial Vida, 2008), p. 16.

[11] Juan Sepúlveda, "Reflections on the Pentecostal Contribution to the Mission of the Church in Latin America", *Journal of Pentecostal Theology* 1.1 (October 1, 1992), p. 97.

[12] Carmelo Álvarez, "Panorama histórico de los pentecostalismos latinoamericanos y caribeños" en Benjamin F. Gutiérrez (ed.), *En la fuerza del Espíritu: Los Pentecostales en América Latina: Un Desafío a las Iglesias Históricas* (México DF: AIPRAL, 1995), p. 29-48.

[13] Villafañe, *Introducción al Pentecostalismo*, p. 96.

espiritualidad de ese llamado pentecostalismo criollo, es la base donde la manifestación del Espíritu se produce. Teniendo como resultado una identificación del latino con el Espíritu de acuerdo con su realidad y limitaciones económicas, familiares y de soledad. Así pues, conociendo la realidad del latino en la diáspora de Estados Unidos, es fácil señalar que, en su inmensa mayoría, esta población experimenta limitaciones aun por su diversidad en lo cultural.

Sin embargo, esta diversidad dentro de la cultura latinoamericana en la diáspora estadounidense es muy significativa. Hay que hacer notar, que aun para el hispano en la diáspora hay diversidad de culturas. Esta diversidad es reflejada en la vida comunitaria de la iglesia pentecostal hispana, muchas veces, afectando su interpretación teológica. Interesantemente, Teresa Chávez Sauceda, nos provee un entendimiento hispano de Dios, cuando señala que:

> La atención se centra en los aspectos trinitarios y creativos de la realidad de Dios como dos áreas en las que esta perspectiva hace sus aportaciones más importantes. ...que esto es después de un examen de los elementos como un compromiso de fe con la praxis de liberación, a la diversidad étnica, socioeconómica y religiosa de la comunidad y la naturaleza comunal de la tarea teológica.[14]

Para los teólogos latinos y latinas, así como para la Comunidad del Espíritu, Dios se revela como un ser relacional, cuya esencia es el intercambio entre el amor y el poder, llevando a participar al hispano en una comunidad de amor, empoderado por el Espíritu Santo, y dedicándose a luchar por la justicia y la liberación.

El culto pentecostal como elemento unificador

El pentecostalismo hispano se ha caracterizado por su celebración alegre y espontánea en el culto de adoración a Dios. Así pues, el culto pentecostal hispano se convierte, en la "reunión de los santos" donde se puede percibir y experimentar la esperanza del hispano. Es en este escenario cúltico donde el Espíritu se identifica y relaciona con el individuo. En palabras de

---

[14] Teresa Chavez Sauceda, "Love in the Crossroads: Stepping-Stones to a Doctrine of God in Hispanic/Latino Theology", en José David Rodriguez and Loida I. Martell-Otero (eds.), *Teología en Conjunto: A Collaborative Hispanic Protestant Theology* (Louisville, KY: Westminster John Knox Press, 1997), p. 27.

Villafañe, las expresiones de la espiritualidad del hispano pentecostal "son expresadas en el culto (servicio de adoración) del pentecostalismo criollo, que es una fiesta (celebración) altamente participativa".[15] De la misma manera, Orlando Costas señala, "el culto pentecostal es espontáneo, creativo e intensamente participativo".[16] Siendo una espiritualidad "cuya declaración de credo no se encuentra escrita y leída en el culto, sino que se da verbalmente en 'testimonios' (dados en estructuras repetitivas) y en el sermón; ambas son, en esencia, auténticos credos de confesiones teológicas de fe".[17]

Es en el culto donde el latino pentecostal demuestra, experimenta y vive su fe; creando y haciéndose parte integral de la Comunidad del Espíritu. Que, a su vez, tiene la oportunidad de alcanzar a ese Dios del desvalido y menesteroso. Es el culto el espacio donde se crea esa esperanza escatológica de experimentar el 'cielo' aquí en la tierra. Que, en la mayoría de los casos, el hispano pentecostal no puede explicar ni entender. Pero simplemente en su entendimiento teológico, basta la presencia del Espíritu como elemento esperanzador.

Otro aspecto delineante en el culto pentecostal hispano es el llamado al altar. Aunque el llamado al altar no es una práctica exclusiva del pentecostalismo latino, el énfasis que el hispano muestra hacia el llamado demuestra su "teología del momento" como reacción a su fe. Es este llamado al altar una de las etapas más significativas para el pentecostalismo hispano, ya que es el tiempo donde se responde a la palabra proclamada. Es el espacio donde se corre hacia Dios para un encuentro real en busca de solución para su realidad existencial. En el llamado es donde ocurre las más significativas demostraciones de los dones del Espíritu, siendo uno de ellos, el bautismo en el Espíritu Santo.

Como parte de la celebración pentecostal, se suman elementos carismáticos que complementan el culto a Dios, me refiero al '*momentum*' del Espíritu. En otras palabras, esa manifestación escatológica de la tercera persona de la trinidad. En palabras de Cartledge "la Trinidad como

---

[15] Villafañe, *Introducción al Pentecostalismo*, p. 103.

[16] Orlando E. Costas, *El Protestantismo en América Latina Hoy: Ensayos del Camino (1972-1974)* (San José, Costa Rica: Publicaciones INDEF, 1975), pp. 48-9.

[17] Villafañe, *Introducción al Pentecostalismo*, p. 103.

vehículo de encuentro entre la divinidad y el ser humano, es la experiencia inicial subsecuente a la conversión que brinda comunión con Dios y otros, la cual se extiende más allá de los símbolos tales como la *glosolalia* y la sanidad".[18] Podemos añadir lo que establece Villafañe citando a Steven Land cuando dice:

> La espiritualidad pentecostal no sólo toca profundamente la piedad primitiva de la persona, pero además por su misma naturaleza - su énfasis en las afecciones, lo que Steven Land llama *orthopathy* (afecto correcto), 'testimonios', y elementos que trascienden la razón (suprarracionales) atrae poderosamente a la mentalidad postmoderna.[19]

Asimismo, es en el culto pentecostal que se transmite la "palabra" por medio de la proclamación de esta. Siendo la 'palabra' el vehículo para la función catalizadora del Espíritu. Cada vez que el latino pentecostal se reúne en sus templos, el 'reino' se hace viviente y toma forma, en otras palabras, toma tiempo y espacio. En efecto, Sammy Alfaro lo presenta de esta forma,

> La predicación del reino de Dios no es simplemente la proclamación de una utopía futura para el oprimido y pobre, más que eso, el mensaje de Jesucristo concerniente al reino fue una realidad que irrumpió en la historia de la humanidad; el reinado de Dios tan esperado había llegado, y las pruebas de su manifestación fueron las obras de Jesús en favor de los oprimidos.[20]

No obstante, como Comunidad del Espíritu, el pentecostalismo latino vive y experimenta a un Cristo diferente a cualquier otro Cristo experimentado por otro grupo étnico. Es en el culto pentecostal que el creyente latino es ponderado en un nuevo nivel o estatus.[21] Dicho de otro modo, me refiero a un nuevo estatus dado por Dios, una asimilación totalmente diferente, más allá del presente estado dentro de la sociedad terrenal. Una nueva personalidad que dignifica al creyente; siendo recibida y encarnada cuando se produce comunidad. Es por medio del Espíritu que se experimenta este nuevo estatus de espiritualidad. Pues es en el culto donde todos nos

---

[18] Mark J. Cartledge, *Testimony in the Spirit: Rescripting Ordinary Pentecostal Theology* (Burlington, VT: Ashgate, 2010), pp. 99-100.

[19] Villafañe, *Introducción al Pentecostalismo*, p. 104.

[20] Alfaro, *Divino Compañero*, p. 103.

[21] Villafañe, *Introducción al Pentecostalismo*, p. 105.

convertimos en seres iguales por medio del 'Cristo pneumático', esto es, el Cristo manifestado por medio de su Espíritu Santo.

Conclusión

El pentecostalismo hispano en la diáspora estadounidense es un movimiento que crece exponencialmente. Desde el avivamiento de la Calle Azusa la presencia latina fue protagonista del naciente movimiento. Vale la pena destacar lo siguiente:

> Aunque no tenemos registro de todos los latinos que participaron en el avivamiento de la Calle Azusa, podemos notar algunos de los primeros participantes del avivamiento. Entre ellos se destacan los nombres de Abundio y Rosa López, Luis López, Juan Navarro, José Valdez, Susie Villa Valdez, A.C. Valdés, Brigido Pérez, y se cree que posiblemente Genaro y Ramonita Carbajal de Valenzuela (la gran misionera y pionera de la iglesia Apostólica en México).[22]

Los hispanos e hispanas fueron y seguirán siendo los protagonistas de su evolución y transformación social y espiritual. No cabe duda que la espiritualidad hispana trae consigo misma elementos que la definen y afirman. Más aun, el énfasis en lo espiritual hace del pentecostalismo hispano un ícono dentro de la discusión global del pentecostalismo.

La espiritualidad Pentecostal hispana está arraigada a una fuerte manifestación pneumatológica en su celebración cúltica. Los hispanos pentecostales cuentan con una esperanza promisoria que pone de manifiesto su fuerte dependencia en el Espíritu. La iglesia en la diáspora celebra a Cristo, y en cada celebración, y desde una perspectiva escatológica, se convierte en esa Comunidad del Espíritu. El pentecostalismo hispano por medio de su espiritualidad, entendimiento del Espíritu Santo y su celebración comunal en el culto, proporciona las bases necesarias para la reconstrucción de una pneumatología pentecostal hispana desde la *praxis*. Siendo un desafío en el quehacer teológico en un contexto de opresión.

Para concluir, la Comunidad del Espíritu en la diáspora es la máxima expresión del hispano pentecostal en su práctica espiritual del día a día. Debiendo apelar a la justicia a través del reino de Dios y como escenario

---

[22] Gastón Espinosa, "The Holy Ghost Is Here on Earth: The Latino Contributions to the Azusa Street Revival", *Enrichment: A Journal for Pentecostal Ministry* 11.2 (Spring 2006), p. 37.

de la manifestación plena del Espíritu para un pueblo que celebra a Cristo en un contexto de opresión.

LO ATRACTIVO DEL MOVIMIENTO APOSTOLICO Y PROFETICO

Miguel Álvarez

América Latina produce y exporta cosas muy valiosas al mundo. Por lo general, todos nos sentimos muy orgullosos de ello. Sin embargo, no todo lo que sale del continente es realmente valioso o auténtico. Un estudio objetivo del movimiento apostólico y profético de esta generación nos mostrará cómo se da este fenómeno. Si me acompaña en la lectura, creo que lograremos entenderlo.

¿Apóstoles hoy?

Este es un estudio analítico y crítico sobre el movimiento apostólico y profético de los últimos años (hoy estamos en el año 2019). Es un fenómeno que ha afectado a muchos pastores e iglesias, por lo que un estudio de esta naturaleza se justifica. En mi análisis he tomado en cuenta datos históricos, personalidades involucradas, exégesis al texto bíblico y observaciones personales. Mis conclusiones tienen como objetivo motivar al estudio, la reflexión y la investigación sobre el tema. Mi crítica tampoco pretende ser denigrante o negativa. Al contrario, el objetivo es ampliar el universo sobre el tema de manera que haya más espacio para la pluralidad de ideas y, que estas estimulen una compresión más amplia y objetiva sobre el tema. Con este propósito en mente someto esta contribución a la mente abierta al diálogo y a la reflexión, que en este nivel tiene un carácter eminentemente académico.

Este estudio tiene implicaciones globales. En los últimos años, América Latina se ha convertido en un eje poderoso para la evangelización del mundo. Esto se debe a muchas razones, pero algunas de ellas tienen que ver con el crecimiento numérico de varias iglesias, y muy particularmente, las pentecostales o aquellas que han sido permeadas por la experiencia Pentecostal. A eso me refiero cuando menciono que el impacto es global. Algunos estudiosos de las disciplinas teológicas ahora están prestando más atención a los acontecimientos espirituales y teológicos que ocurren en esta región del Sur Global. Uno de esos temas que causa mucho interés es el surgimiento del movimiento apostólico y profético. Debido a lo novedoso del mismo y a la rápida propagación de éste, un estudio serio del tema se hace necesario. Es una de las razones que justifica esta presentación.

Referirme a este tema tan especializado no ha sido nada fácil. Tengo muchos años de servir en el ministerio y a lo largo de mi vida ministerial he sido testigo del llamamiento legítimo de hombres y mujeres de Dios que han sido investidos del poder del Espíritu Santo.[1] Estos han recibido el don de apóstol o profeta con el objetivo de perfeccionar al pueblo de Dios, ante lo cual la Escritura sugiere una actividad didáctica, para adiestrarlos al servicio cristiano y a la edificación de la iglesia. Algunos eran conscientes de que estos dones operaban en ellos, sin embargo, escogieron ser humildes e intencionalmente renunciaron a los privilegios personales, que, por causa del ejercicio de esos dones ministeriales, sus discípulos les podrían conferir. En esto el lector estará de acuerdo conmigo, en que hay algunos en quienes operan los dones de apóstol o profeta, pero no están interesados en la publicidad. Sin embargo, como apunta Richard Fisher, hay otros, que no son apóstoles ni profetas, pero se muestran tan hambrientos de poder y notoriedad, que hacen todo lo que sea necesario para llamar la atención y el 'respeto' de los demás, especialmente el de las multitudes; aunque para ello tengan que 'pagar o invertir' todo lo que sea necesario para lograr su objetivo.[2] La situación que vivimos hoy con respecto al uso de estos dones ministeriales me hace recordar la parábola del Señor registrada en Mateo 13:24-28.

---

[1] Acá debo aclarar que tengo amigos muy cercanos y muy queridos, que creen con todo su corazón que son apóstoles o profetas de oficio. Ellos creen sinceramente que son el fundamento de la iglesia. Algunos son tan nuevos en el ministerio que por su falta de experiencia fácilmente fueron convencidos por individuos motivados por intereses extraños. En este caso a mí me es muy difícil llegar ante un amigo muy querido y tener la libertad de explicarle su desatino en la interpretación de la Escritura. Así que hay dos cosas que hago: (1) Los sigo tratando con amabilidad y con amistad sincera, sin entrar en el debate doctrinal, y (2) oro por ellos para que el Espíritu Santo le abra los ojos del entendimiento y puedan así darse cuenta del error en que han caído. Aun cuando este documento es académicamente objetivo, mi intención no es denigrar a los que están al otro lado. Esta investigación la he hecho con amor, pensando simplemente en la necesidad de aclarar este asunto que en los últimos años ha creado controversia y malestar en muchos círculos cristianos. El texto que me va muy bien en este caso dice, "Vuestra gentileza sea conocida por todos los hombres. El Señor está cerca" (Filipenses 4:5).

[2] Richard Fisher, "A look at Spiritual Pandemonium", *Personal Freedom Outreach* (Oct-Dec 1994), pp. 14-5.

> El reino de los cielos es semejante a un hombre que sembró buena semilla en su campo; pero mientras dormían los hombres, vino su enemigo y sembró cizaña entre el trigo. Cuando salió la hierba y dio fruto, entonces apareció también la cizaña [la mala hierba]. Vinieron entonces los siervos del Padre de familia y le dijeron: Señor, ¿no sembraste buena semilla en tu campo? ¿De dónde, pues, tiene cizaña? Él les dijo: Un enemigo ha hecho esto.

Está claro que el avivamiento de la iglesia también ha generado la aparición de falsos apóstoles y falsos profetas, los cuales motivados por sus propias pasiones se engañan a sí mismos y a los que les siguen. Son individuos que *"tienen apariencia de piedad, pero niegan la eficacia de ésta...Más no irán más adelante; porque su insensatez será manifiesta a todos"* (2 Timoteo 3:5, 9). Afortunadamente esta obra la hace el Espíritu Santo en su justicia y soberanía; él trata a cada individuo conforme a su corazón. Pero es importante remarcar que hay falsos apóstoles y profetas que se han infiltrado dentro del movimiento legítimo de Dios y causan mucho daño a la obra, especialmente a aquellos cristianos que bien intencionados son engañados por ellos.

Breve referencia histórica

El movimiento apostólico y profético contemporáneo, como se le conoce en la actualidad, tuvo su origen en los Estados Unidos durante la década de los 1990s. En varios estados de la unión americana se llevaron a cabo convenciones específicas para estudiar el modelo apostólico de Pablo con el fin de lograr "la unidad y retornar al tipo de poder de la época primitiva."[3] David Cannistraci llegó a la conclusión que en el siglo XX Dios comenzó a restaurar cronológicamente los dones ministeriales de Efesios 4:11. En su análisis histórico afirma que en 1950 el cuerpo de Cristo fue inundado con evangelistas; en la época de los 1960s y 70s, por el movimiento de los pastores y maestros. En los 80s comienza a ser notable la operación del ministerio profético y en los 90s el ministerio apostólico.[4]

---

[3] David Cannistraci, *The Gift of Apostle: Biblical Look at the Apostleship and How God is Using it to Bless his Church Today* (Ventura, CA: Regal Books, 1996), p. 19.

[4] Cannistraci, *The Gift of Apostle*, p. 26.

En su análisis histórico Cannistraci ha afirmado que Dios quiere completar los primeros ministerios con el ministerio apostólico, con una manifestación total: "Un oficio que debe ser restaurado, de la misma manera que los otros oficios, y cree que éste es el eslabón perdido en la cadena de la restauración de los oficios ministeriales: Todavía se necesita que el oficio del apóstol se manifieste en su totalidad."[5] Hasta acá la discusión tiene lógica y se muestra consistente. El problema se nota cuando observamos la aplicación práctica de esta perspectiva. Para entenderlo mejor, veamos algunos argumentos que cuestionan la posición de Cannistraci.

En respuesta a las afirmaciones de Cannistraci, Rigoberto Gálvez argumenta que el problema de ese modelo apostólico radica no en que haya necesidad de restaurarlo, sino en la forma que se está llevando a cabo la práctica y lo que sus recipientes entienden hoy, por apóstol.[6] En el contexto de Efesios 4:11, la función de los cinco dones ministeriales es instructiva, formativa. La misión de los recipientes de los dones era capacitar a los creyentes para un servicio efectivo.

Por su parte, Emilio Antonio Núñez reaccionó apologéticamente contra la idea de que las iglesias de hoy necesitan este tipo de 'cobertura apostólica.' Los creyentes no necesitan este tipo de liderazgo para crecer numérica y espiritualmente. Tampoco necesitan intermediarios entre el Espíritu Santo y ellos para ministrar o para tener protección especial del Señor. Núñez se preguntó, ¿Si la comunidad evangélica de este país [Guatemala] ha estado por más de cien años sin la cobertura de estos apóstoles, entonces de dónde ha venido el poder para la conversión de millones de guatemaltecos a la fe cristiana dentro de los movimientos evangélicos y pentecostales?[7]

Núñez sigue argumentando que en la manifestación de los dones ministeriales tampoco debe existir superioridad de unos sobre otros. Los cinco dones ministeriales siempre deben estar vigentes mientras la iglesia está en la tierra. El énfasis sobre la superioridad de unos dones sobre otros los

---

[5] Cannistraci, *The Gift of Apostle*, pp. 25-6

[6] Rigoberto Gálvez, *Prácticas Dudosas en el Ejercicio de Nuestra Fe: Un Estudio de la Religiosidad Popular Evangélica, Una Autocrítica* (Ciudad Guatemala: Editorial Fortaleza, 2009), p. 151.

[7] Emilio Antonio Núñez, *El Movimiento Apostólico Contemporáneo* (Ciudad Guatemala: Mar Lor, 2001), p. 1.

ha hecho el hombre, no Dios. Al leer el texto, sin prejuicios, se nota que Cristo, por medio del Espíritu Santo, constituyó a los cinco para que continuamente perfeccionen (en todo tiempo) y equipen a todos los creyentes para la obra del ministerio.[8]

Otro teólogo de mucha influencia en el movimiento apostólico y profético es C. Peter Wagner, este expresó su convicción de que los cambios más trascendentales en la iglesia desde la Reforma Protestante hasta hoy se están produciéndose ante nuestros ojos. En su libro *¡Terremoto en la iglesia!*, Peter Wagner explicó como entendía a la 'nueva reforma apostólica.'[9] Para Wagner, la nueva reforma apostólica era una obra extraordinaria de Dios que se estaba produciendo en la iglesia y que estaba transformando la faz del cristianismo en todo el mundo.[10] Wagner identifica y analiza el trasfondo filosófico del movimiento apostólico de nuestros días, como uno de los segmentos de más rápido crecimiento en la iglesia. Además, afirma que este fenómeno de origen popular está produciendo alianzas entre iglesias y líderes interdenominacionales en todo el mundo para cumplir con la Gran Comisión.[11]

Antes estas opiniones encontradas, es necesario establecer una opinión objetiva. Gálvez y Núñez tienen razón cuando se liberan del nuevo elitismo de poder generado por los pocos privilegiados del movimiento apostólico y profético, que se esconden dentro de un contexto de súper espiritualidad para reclamar dominio y control sobre otros y que, en su condición de desventaja, se apoyan sobre la ayuda del más fuerte para sentirse bien y parte del bando ganador. También es importante mencionar que esta supremacía y exclusivismo tuvo su origen en la cultura individualista y carismática de los Estados Unidos.[12] Esto explica cómo los pastores

---

[8] Núñez, *El Movimiento Apostólico Contemporáneo*, pp. 2-3.

[9] C. Peter Wagner, *¡Terremoto en la Iglesia!* (Miami, FL: Editorial Caribe, 2000), pp. 280-86.

[10] C. Peter Wagner, *The Changing Church: How God is Leading his Church into the Future* (Ventura, CA: Regal Books, 2004), pp. 19-21.

[11] Wagner. *¡Terremoto en la Iglesia!*, pp. 280-86.

[12] Femi Adeleye, "The Prosperity Gospel and Poverty: An Overview and Assessment", en J. Daniel Salinas (ed.), *Prosperity Theology and the Gospel: Good News or Bad News for the Poor?* (Peabody, MA: Hendrickson Publishers, 2017), pp. 5-22.

más poderosos en los Estados Unidos han encontrado la forma natural de juntarse para celebrar sus victorias y hacer más grande su reino. Todo a cuenta de los pastores y congregaciones que les siguen ya sea por la ayuda que reciben de ellos o por la novedad de sus doctrinas que ofrecen algo diferente a lo que tradicionalmente enseñan las denominaciones de donde salieron. Algunos apóstoles demandan fuertes cantidades de dinero para darle la membresía en su grupo a los pastores que desean unirse a ellos.[13]

En el caso de Peter Wagner y su discípulo David Cannistraci, no hay duda de que la producción académica desde una cátedra, cuando ésta es acompañada del ingrediente carismático hace soñar especialmente a aquellos que en un tiempo fueron anti pentecostales y hoy se han dado cuenta del error de su actitud. Por ejemplo, Peter Wagner reconoció, "Mi actitud era anti pentecostal. En los círculos que yo frecuentaba era corriente considerar a los pentecostales como impostores. La teología de los pentecostales nos parecía simplemente superficial. Yo tenía un concepto limitado del poder de Dios."[14] Sin embargo, en vez de admitirlo y disculparse, procedió a crear e impulsar otras alternativas y opciones que se antojaban radicales en un ambiente donde se notaba la fuerza evangelizadora de las iglesias.

En las décadas de los 1960s y 1970s surgió el movimiento Carismático. Cristianos de muchas denominaciones recibieron la experiencia pentecostal acompañada de hablar en lenguas y la manifestación de los dones espirituales. Estos decidieron intencionalmente no llamarse pentecostales y acuñaron el nuevo nombre de carismáticos. El movimiento carismático ha sido la base de otros movimientos llamados neocarismáticos o neopentecostales. La escuela de Peter Wagner incluso habla de la 'tercera ola' de creyentes que ya no son pentecostales, ni carismáticos, sino una nueva especie de ungidos. John Wimber, uno de los exponentes de la 'tercera ola' una vez dijo,

> Algo tan natural, que incluso los niños estarán capacitados para llevarlas a cabo…incluso las resurrecciones de entre los muertos se generalizarán…veréis evangelistas con el don de sanidad que levantarán sus manos

---

[13] Kate Bowler. "The Prosperity Gospel's Transformation of the Popular Religious Imagination", *CCDA Theological Journal* (2014), pp. 19-23.

[14] Un recuento completo sobre el testimonio de la conversión de Peter Wagner a la experiencia carismática lo describe, Wolfgang Bühne, *Explosión Carismática: Un Análisis Crítico de las Doctrinas y Prácticas de las Llamadas "Tres Olas del Espíritu Santo"* (Barcelona, España: CLIE, 1996), pp. 16-7.

y, de sus manos saldrá luz. Si esa luz toca a alguien que está enfermo, al instante será sanado. Veréis como brazos y miembros amputados volverán a crecer cuando la luz del evangelista los toque.

Wimber es considerado el padre del movimiento evangelismo de poder (Power evangelism). Después de haber sido parte de un movimiento evangélico anti pentecostal, Wimber recibió el bautismo con el Espíritu Santo y descubrió un océano profundo de dones espirituales que le fueron accesibles tan pronto su viro espiritual tuvo lugar. Por su éxito en el uso de los dones carismáticos se le conoció como el principal exponente del 'evangelismo con poder' que él puso en boga.[15] Wimber introdujo cambios profundos a la iglesia de su tiempo, pero pronto estableció su propia corriente eclesiológica, que en común acuerdo con teólogos muy cercanos a él decidió impulsar como la 'tercera ola'.

Dentro de la órbita de la 'tercera ola' surgió, entre otros, el movimiento apostólico y profético, que según sus promotores se apoderará del cristianismo renovado, inmediatamente antes de la venida del Señor.[16] En algún momento estos 'nuevos iluminados' asumen la postura de haber encontrado 'la última gota de agua en el desierto' y se creen dueños de la verdad. Estos hermanos son capaces de borrar dos mil años de historia de la iglesia cristiana con tal de comprobar la certeza de su descubrimiento. Al escucharlos, promulgan la idea de que por veinte siglos la iglesia estuvo caminando mal, hasta que aparecieron ellos con la última revelación que salvará a la iglesia antes del fin. En el caso de estos eruditos, el lector debe leer, orar, emitir su propio juicio y tomar su propia decisión.

Consecuencias del entusiasmo excesivo

El concepto nuevo del apostolado contemporáneo se ha iniciado dentro de las congregaciones neopentecostales o híper-carismáticas que han desarrollado una noción exclusiva sobre el término y la función del oficio. Esto ha generado una forma de religiosidad popular que ansiosamente

---

[15] John Wimber y Kevin Springer, *Power Evangelism* (Ventura, CA: Regal Books, 2009), pp. 82-8.

[16] Por supuesto, todos estos cambios han generado un terremoto en la iglesia, según Wagner, *¡Terremoto en la Iglesia!*, pp. 232-39.

busca 'intercesores' o enviados que les ofrezca 'cobertura' para llegar a la 'madurez espiritual'.

La dificultad se da cuando los líderes de este movimiento tratan de obtener control total y absoluto sobre congregaciones y pastores.[17] Para tal efecto, Peter Wagner creó una lista de combinaciones apostólicas que se observan en la actualidad. En su lista ha encontrado las siguientes combinaciones: (1) Los apóstoles verticales: apóstoles eclesiales con autoridad sobre un número de iglesias; apóstoles funcionales, que se dedican a ministerios específicos o que ministran en esferas específicas. Apóstoles de equipo, son los que ministran en conjunto con otros apóstoles. Estos no tienen iglesias, ni un ministerio en particular, pero andan con los apóstoles; luego están los apóstoles congregacionales, aquellos que pastorean congregaciones de números superiores entre los 700 a 800 miembros.

Luego está la categoría de (2) los apóstoles horizontales. Entre ellos están los apóstoles convergentes, se les llama así porque tienen un llamado a ejercer autoridad conjunta en campos ministeriales específicos. En seguida están (3) los apóstoles embajadores. Estos son los que tienen un ministerio itinerante de catalización; luego están (4) los apóstoles movilizados, estos son los que tienen autoridad para juntar a trabajar a cierto segmento del cuerpo de Cristo. Además, están (5) los apóstoles territoriales, los que tienen autoridad sobre cierto segmento del cuerpo a beneficio de una ciudad o un estado. Finalmente están (6) los apóstoles de mercado, los cuales no tienen un papel definido aún, pero ejercen autoridad apostólica sobre un grupo de líderes.[18]

También es típico observar cómo pastores bien intencionados que, al escuchar sobre el tema apostólico y profético, por primera vez, lo encuentran tan apropiado para sus intereses personales y su posición dentro de la iglesia que automáticamente se involucran, sin estudiar cuidadosamente las implicaciones y consecuencias doctrinales, teológicas, ministeriales y eclesiológicas de su decisión. Estas enseñanzas encuentran especial espacio entre pastores de congregaciones grandes que han entrado en

---

[17] Esta información está disponible en Peter Wagner, *Churchquake* (Ventura, CA: Regal Books, 1999), pp. 125-53.

[18] Véase, C. Peter Wagner, "Understanding How Apostles Minister in Different Spheres." *Apostolic Paradigms* (2002), *https://www.apostolicparadigms.org/C__Peter_Wagner/Spheres/spheres.html*. Accesado 15 febrero 2019.

descontento y frustración con los sistemas eclesiales establecidos. Es común observar a muchos apóstoles expresarse despectiva y ofensivamente en contra de las denominaciones evangélicas y pentecostales de donde, por lo general, salieron molestos o frustrados, especialmente contra las denominaciones más antiguas.

Nomenclatura y función de los dones ministeriales

Según la Escritura, la misión de todos los dones ministeriales es la misma—perfeccionar a los creyentes para la obra del ministerio (Efesios 4:12). Tampoco existe ninguna superioridad de un don sobre otro. Todos tienen como objetivo convertir a los creyentes en ministros por medio del adiestramiento. Eso es claro en el propósito de Dios para este tiempo, que toda la iglesia sea un reino de sacerdotes, ministros, en el cuerpo de Cristo (1 Pedro 2:9).

Otro aspecto es el orden en que aparecen documentados—no es un orden jerárquico, sino histórico. Cada uno de los dones ministeriales hace su propia labor con su respectiva distinción: El profeta amonesta, corrige, da Palabra de consuelo, ánimo y represión, que edifican individual o colectivamente a la congregación. El evangelista, predica el evangelio en forma itinerante a multitudes o individuos en las iglesias, plazas, estadios, etc. El pastor cuida, guía, alimenta y aconseja a los creyentes. El maestro enseña la Palabra de Dios y edifica la fe del pueblo de Dios. El apóstol es un enviado (no uno que envía a otros) a predicar el evangelio, edificar a los creyentes nuevos y fundar congregaciones nuevas. Estos son los que hoy son llamado misioneros.[19]

¿Cuál don es superior?

Si fuera relevante hablar de la superioridad de un don sobre otro, el don de pastor sería superior a los demás. Dios mismo se presenta así mismo como pastor, no como apóstol, profeta, evangelista o maestro: "Jehová es mi Pastor; nada me faltará." (Salmos 23:1). "Oh, Pastor de Israel, escucha; Tú que pastoreas como a ovejas a José, que estás entre querubines, resplandece" (Salmos 80:1). También en los libros proféticos, Dios se revela como Pastor: "Como Pastor apacentará a su rebaño; en su brazo llevará los

---

[19] Gálvez, *Prácticas Dudosas*, p. 151.

corderos; y en su seno los llevará; pastoreará suavemente a las recién paridas" Isaías 40:11).

También Jesucristo mismo se reconoce como Pastor. En Mateo 26:31 Jesús les advirtió a sus discípulos que él tendría que morir y resucitar por su rebaño. Luego en el evangelio de Juan 10:11, Jesús afirmó: "Yo soy el buen pastor; el buen pastor su vida da por las ovejas." Otros autores bíblicos hablan de Jesús como profeta, maestro, evangelista y apóstol, pero lo único que él aseveró de sí mismo fue que era "el Buen Pastor."

La dignidad de estos dones

No cabe duda que la razón por la que estos dones ministeriales son objeto del ataque del enemigo es por la efectividad, belleza y pureza de estos. Los dones espirituales son las herramientas de los creyentes en la activación de sus ministerios. Estos dones ministeriales no cesaron en ningún momento en la historia de la iglesia; al contrario, el Espíritu Santo los ha mantenido activos siempre y en la presente generación los ha activado con mayor intensidad, quizás por la cercanía misma del retorno de Cristo o por el cumplimiento total del ministerio de la iglesia antes de dicho retorno.

Sin embargo, por causa de su importancia dentro del marco del pleno desarrollo de estos dones es que el enemigo de Dios también planta la cizaña que echa a perder la buena intención de algunos individuos, quienes ven en el ejercicio de estos dones una fuente de beneficio personal, la cual eventualmente se torna dañina y se presta para que Satanás se aproveche de sus intenciones y servicios para causar mal a la misma obra de Dios.

Peter Wagner afirma que los apóstoles deben someter al resto de la iglesia bajo su autoridad, porque los apóstoles y los profetas de hoy, son el fundamento de la iglesia.[20] Esto contradice completamente al espíritu con que Pablo describió la función de dichos dones en la iglesia. Al contrario, apóstoles, profetas, evangelistas, pastores y maestros deben permanecer

---

[20] C. Peter Wagner, *Apostles and Prophets: The Foundation of the Church* (Ventura, CA: Regal Books, 2000), pp. 24-38.

bajo sujeción a la autoridad espiritual respectiva.[21] Los apóstoles nos son soberanos, ellos tienen que estar bajo sujeción a autoridad.

Contrario a lo que sucede en muchas organizaciones eclesiásticas originadas en Estados Unidos, que conciben a la iglesia como una organización civil, Lois Schwoerer argumenta que en la iglesia de Cristo no ha de existir tal cosa como el ejercicio de la autoridad como se lo conoce en los gobiernos civiles. La iglesia está en un plano enteramente diferente al estado. No hay similitud alguna entre los dos. El reino de Cristo es algo totalmente diferente a las ideas humanas sobre el gobierno.[22] El movimiento apostólico y profético de hoy no sólo inició con la influencia del modelo civil norteamericano, sino que también impulsa su influencia paternalista a las culturas que reciben su provisión financiera, la cual se casa con las iglesias prósperas de los países en desarrollo, creando una élite obligada, o una 'compañía de ungidos especiales', que con atributos también especiales se quieren apoderar del resto de la iglesia. Nada más peligroso que eso.

El significado etimológico de la palabra apóstol, así lo declara. Un apóstol es alguien que ha sido "enviado" y como tal tiene que rendir cuentas y estar sometido a la autoridad que lo envía. Esto fue exactamente lo que pasó en la iglesia de Antioquía: "Ministrando éstos al Señor, y ayunando, dijo el Espíritu Santo: Apartadme a Bernabé y a Saulo para la obra a que los he llamado. Entonces, habiendo ayunado y orado, les impusieron las manos y los despidieron" (Hechos 13:2-3). La imposición de manos por parte de la iglesia fue crucial es ese momento. Bernabé y Saulo se sometieron a la autoridad de la iglesia y conociendo el lenguaje ministerial de Pablo, la imposición de manos fue hecha por el Pastor y los ancianos de la iglesia, a quienes ambos estaban sometidos.

Es obvio que Lucas reportó este detalle de la imposición de manos como un elemento muy importante. De esa manera la autoridad apostólica de Pablo fue confirmada por la congregación y fue ésta la que lo envió. Aquella idea de que el apóstol es absoluto y que está por encima de todos los demás ministerios es contraria al espíritu, al diseño del don y al objetivo de este. Un apóstol que no se somete a nadie, no es ningún apóstol

---

[21] Véase, Azael Alvarez, *Edificados sobre el Fundamento de los Apóstoles* (CreateSpace: Independent Publisher: La Palabra Publisher, 2014), pp. 23-35.

[22] Lois G. Schwoerer, "Libertad y autoridad en la Iglesia", *Diálogo* 13 (1988), pp. 14-5.

y se engaña a sí mismo y a los que lo siguen. En su estudio exegético sobre este don, Rigoberto Gálvez argumenta:

> El apóstol es un enviado para predicar, edificar a los nuevos cristianos y fundar una iglesia con esos nuevos convertidos dejando que ellos se organicen ministerial y administrativamente. Luego con el tiempo vuelve a visitarlos para ver su crecimiento. Todos los apóstoles en la Biblia, sin excepción, no fueron pastores, fueron "enviados" que predicaron en regiones donde nunca se había anunciado el evangelio. Por eso se puede afirmar categóricamente, con base en la Escritura, los verdaderos apóstoles son los mal llamados "misioneros." A ellos se les debe llamar apóstoles por cuanto van de región en región ganando personas para Cristo y fundando iglesias.[23]

Efesios 4:11-12 "Y él mismo constituyó a unos, apóstoles; a otros, profetas; a otros, evangelistas; a otros, pastores y maestros, a fin de perfeccionar a los santos para la obra del ministerio, para la edificación del cuerpo de Cristo..." Esta es la única referencia en el Nuevo Testamento a la función de los dones ministeriales espirituales: Apóstoles, profetas, evangelistas, pastores y maestros. En todas las demás referencias a la palabra apóstol el Nuevo Testamento hace referencia clara a los apóstoles que Jesús escogió. No hay ninguna evidencia escritural que compruebe la existencia de apóstoles y profetas de oficio después de Pablo.

Los que se basan en el texto de Efesios 2:20 para justificar dichos oficios tiene que forzar la Escritura para que diga que los creyentes de hoy deben estar edificados sobre "el fundamento de los apóstoles y profetas, siendo la principal piedra del ángulo Jesucristo mismo." Aun así, es evidente que esa Escritura no se refiere a los que tienen el don de apóstol hoy, más bien está haciendo referencia al fundamento de los apóstoles y profetas a quienes el Señor mismo escogió, de los cuales Pablo era el último.[24] Además, Pablo era consciente de ello y esa fue la razón por la que introdujo la figura de los obispos a la iglesia. Esa nueva figura administrativa

---

[23] Gálvez, *Prácticas Dudosas*, p. 153.

[24] Un estudio crítico sobre la explosión carismática de los años 1990s, las nuevas doctrinas introducidas a la iglesia y las nuevas prácticas del ministerio fue conducido por Wolfgang Bühne, *Explosión Carismática,* 15-21. Wolfgang hace un estudio crítico particularmente sobre "la tercera ola," un término creado por Peter Wagner, para describir el nuevo movimiento de evangelismo con poder (*power evangelism*), que ocurre después del avivamiento carismático, del cual también es precursor John Wimber. Véase, Bühne, *Explosión Carismática*, p. 21.

en la iglesia incomoda mucho a los apóstoles de hoy porque no saben que hacer con ella.

Las Supuestas Contradicciones de Pablo

En Efesios 4:11-12, Pablo dice: "Y él mismo constituyó a unos, apóstoles; a otros, profetas; a otros, evangelistas; a otros, pastores y maestros, a fin de perfeccionar a los santos para la obra del ministerio, para la edificación del cuerpo de Cristo." La palabra clave para este estudio es el verbo καταρτισμὸν que ha sido traducido como perfeccionar, pero conlleva una fuerte connotación de capacitar, lo cual implica una función didáctica claramente observable en el objetivo final de los dones—capacitar a los santos para la obra del ministerio. Está claro que esos dones siempre han estado activos en la iglesia, nunca han cesado. La congregación los ha necesitado y los ha usado para la formación y capacitación de los creyentes en el servicio cristiano. La controversia surge cuando los usuarios de los dones se salen del orden y usurpan funciones administrativas y autoridad que no les corresponde.

La figura de los obispos

Por otro lado, 1 Timoteo 3:1, El apóstol Pablo añade otra figura al liderazgo de la iglesia que para muchos hoy pasa por desapercibida. Pablo dice, "Palabra fiel: Si alguno anhela obispado, buena obra desea." Note que Pablo no dijo, "Si alguno desea apostolado, buena cosa desea." ¿Por qué no dijo eso? Obviamente porque desde el momento en que él da autoridad a obispos sobre la iglesia, ya no es necesario que exista otra autoridad más que duplique esfuerzos o autoridad en la iglesia.

Esto es muy diferente a lo que Peter Wagner define como autoridad apostólica: "Un obispo es un líder cristiano dotado excepcionalmente, enseñado, comisionado y enviado por Dios con la autoridad para establecer los cimientos del gobierno en la iglesia dentro de una esfera del ministerio designado, escuchando lo que el Espíritu está diciendo a las iglesias y poniendo las cosas en orden de acuerdo al crecimiento de la iglesia."[25] Esta nueva figura de autoridad es introducida por Pablo, sabiendo que él

---

[25] Wagner, *Apostles and Prophets*, p. 8. En mi opinión, la posición de Wagner no es bíblica porque usurpa la autoridad que Pablo ha conferido a los obispos.

era el último apóstol de oficio.[26] La misión de los obispos fue descrita así: "[corregir] lo deficiente, y establecer ancianos en cada ciudad, así como yo te mandé" (Tito 1:5).

¿Se contradice Pablo a sí mismo cuando en una epístola habla de apóstoles y profetas y en la otra habla de obispos? Obviamente no. Entonces, ¿Cómo se explica esta aparente contradicción? Muy sencillo. La función de aquellos a quienes el Espíritu Santo constituye apóstoles es didáctica, educativa, formativa. En ningún momento Pablo les confiere la autoridad para gobernar. De esa manera, cuando un líder espiritual recibe el don de apóstol, no es para ejercer dominio o control sobre la iglesia o grupos de iglesias. Cuando los apóstoles de hoy se atribuyen autoridad para gobernar a la iglesia están simplemente usurpando la función que Pablo claramente delegó a los obispos.

En referencia a la importancia del oficio administrativo y gubernamental de los obispos sobre la iglesia, Pablo reglamenta sobre los requisitos de esos hombres de Dios a quienes se les exige condiciones especializadas para ejercer su misión: En dos ocasiones Pablo se refiere a los requisitos de los obispos:

> Es necesario que el obispo sea irreprensible, marido de una sola mujer, sobrio, prudente, decoroso, hospedador, apto para enseñar; no dado al vino, no pendenciero, no codicioso de ganancias deshonestas, sino amable, apacible, no avaro; que gobierne bien su casa, que tenga a sus hijos en sujeción con toda honestidad (pues el que no sabe gobernar su propia casa, ¿cómo cuidará de la iglesia de Dios?; no un neófito, no sea que envaneciéndose caiga en la condenación del Diablo. También es necesario que tenga buen testimonio de los de afuera, para que no caiga en descrédito y en lazo del Diablo (1 Timoteo 3:2-7).

Un obispo es un ministro que ha sido comisionado por su iglesia para ejercer autoridad espiritual sobre las congregaciones y ministerios bajo su jurisdicción. La palabra obispo viene de griego *epíscopos* (επισκοπος), que significa supervisor, vigilante, inspector, superintendente). Desde el punto de vista etimológico, es aquella autoridad eclesiástica encargada del control y vigilancia del cumplimiento de los estatutos y normas de la iglesia en el territorio bajo su jurisdicción. En el más estricto sentido del oficio, es el miembro de la iglesia que ha recibido la responsabilidad ministerial

---

[26] Alvarez, *Edificados sobre el Fundamento de los Apóstoles*, p. 24.

de gobernar a la iglesia como pastor y, está encargado de administrar a un grupo de congregaciones o pastores; en virtud de la relación que comparte con aquellos a quienes sirve y asiste pastoralmente.

Es muy importante que Pablo vuelva a referirse a los mismos requisitos de los obispos por segunda vez, en Tito 1:7, haciendo referencia al carácter moral de los obispos. ¿Por qué fue tan específico y tuvo que repetir los requerimientos una vez más? ¿por qué fue tan estricto y exigente al diseñar los requisitos de los obispos y, ni siquiera mencionó ningún requisito para los apóstoles o los profetas? La respuesta es muy obvia, la posición de los obispos—cuya etimología sugiere autoridad, control, supervisión—demanda mayor atención a la hora de ser nombrados por la iglesia.

En virtud de lo anterior, es necesario aclarar, que la función de los cinco dones ministeriales del Espíritu Santo—apóstoles, profetas, evangelistas, pastores y maestros—es eminentemente formativa y conlleva una tarea didáctica para capacitar a los creyentes.[27] Los cinco dones ministeriales existen en el cuerpo de Cristo para cumplir con los tres propósitos siguientes: (1) perfeccionar a los santos, (2) trabajar en el ministerio y (3) edificar al cuerpo de Cristo. La perfección del cuerpo es progresiva. Dios perfecciona a los creyentes en el cuerpo de Cristo por medio de la implementación de los cinco dones. Para que los santos logren la perfección en sus vidas y ministerios tendrán que ser expuestos a la actividad de dichos dones. Es obvio, que los apóstoles no han sido llamados a gobernar o ejercer autoridad sobre pastores, iglesias o grupos de iglesias. Esa función Pablo la delegó a los obispos. Cuando los apóstoles demandan autoridad o gobierno, están usurpando una función que les corresponde a los obispos, según lo explica la Escritura.

La Iglesia los necesita

Ahora bien, los dones ministeriales de apóstol y profeta, al igual que los de evangelistas, pastores y maestros son necesarios para perfeccionar y capacitar a los creyentes en la obra del ministerio. El Espíritu Santo mismo los ha constituido porque son pilares sobre los que se sostiene la obra de Dios. Ellos son los que trabajan para la edificación de la iglesia local y

---

[27] Una exposición amplia sobre este tema está disponible en un artículo publicado por Robert Bowman, "The Faulty Foundation of the Five-Fold Ministry", *http://www.apologeticsindex.org/f09.html*. Accesado 13 Mayo 2011.

sirven para capacitar a los santos para el ministerio. Los apóstoles no gobiernan, ni se adueñan de la iglesia. Al contrario, se someten al servicio de la iglesia y su efectividad se mide por el grado de sumisión a la autoridad espiritual que está sobre ellos. Sin embargo, en este tiempo hay ciertos líderes que creen que una vez que son 'ungidos apóstoles' ya no se tienen que someter a nadie más que a Dios. No hay nada más erróneo que eso.

Edifican a los santos para el ministerio

Los hermanos con los dones de apóstol y profeta deben ser agentes de unidad en el cuerpo Cristo. El espíritu de división en ninguna manera está relacionado a dichos dones ministeriales. Como hemos apuntado anteriormente, la tarea primaria y fundamental de un verdadero apóstol o profeta, al igual que los evangelistas, pastores y maestros, es la edificación del cuerpo de Cristo. Esta tarea la logran bajo la unción y en el poder del Espíritu Santo. Un apóstol no debe adueñarse de la obra o ejercer autoridad que no le ha sido delegada. Si alguien se autodenomina apóstol o profeta y practica estas cosas, el tal es un falso apóstol y un falso profeta; Dios no lo ha constituido ni lo ha enviado.

Dones preciosos, dones abusados

Con lo mencionado anteriormente el lector notará que se hace necesario examinar el ministerio de aquellos que se proclaman apóstoles. Habrá que observarlos por el fruto mismo de sus ministerios. La Palabra es muy clara en esto, "por sus frutos los conoceréis" (Mateo 7:16-20). Para poder identificar a los verdaderos apóstoles y profetas, es necesario observarlos a la luz de las enseñanzas de la Escritura.

Ahora bien, a fin de que la evaluación sea objetiva, consideremos algunas de las características típicas de un falso apóstol y falso profeta: (1) Por lo general manifiestan un espíritu de rebelión contra las organizaciones eclesiásticas y denigran a las denominaciones. Las organizaciones eclesiásticas y sus obispos son atacados y acusados de lo peor. Es más, deberían desaparecer por todo el mal que le causan al cuerpo de Cristo. Esta posición es realmente contraria a la voluntad de Dios y a su propósito para la iglesia. (2) Manifiestan un espíritu de rebelión contra la autoridad. Ellos son su propia autoridad y no se pueden someter a ninguna otra autoridad. (3) Su meta es apoderarse o dominar y controlar a la organización a la que pertenecen. (4) Por lo general son individuos ávidos de poder y autoridad.

Tomar el control político de la organización a la que pertenecen es fundamental para que se sientan realizados.[28]

Para resolver el conflicto sobre quién sujeta a quien, si el profeta al apóstol o el apóstol al profeta, Peter Wagner creó una nueva especie. Esta consiste en combinaciones: Profeta-apóstol, pastor-apóstol, evangelista-apóstol y maestro-apóstol. De esa manera (1) mantiene la hegemonía de los apóstoles y (2) satisface las demandas de poder y autoridad de parte de los otros ministerios.[29]

Obviamente esta es una combinación arbitraria elaborada con el propósito de resolver un conflicto ministerial de última moda. En realidad, la función de llamar, escoger y constituir a creyentes para el ejercicio de estos dones, en este tiempo, es del Espíritu Santo mismo. (3) Su influencia en la organización a la que pertenecen se basa en el poder del dinero que colectan de sus seguidores, a los que han sometido dictatorialmente.

(4) Otra característica típica del falso apóstol y profeta es que denigra a otras autoridades espirituales, pero ellos mismos son dictadores y oprimen y explotan a sus seguidores. (5) Tampoco permiten que nadie los cuestione ni los critique. Para ello adquieren una actitud desafiante que amenaza e intimida especialmente a sus seguidores. (6) Son personas cargadas de orgullo y vanidad. (7) Se encubren detrás de una falsa espiritualidad, pero sus corazones están cargados de maldad y de religiosidad. (8) Se engañan a sí mismos y desafortunadamente también engañan a los que los siguen. (9) En su discurso manifiestan una combinación de verdad y mentira cuya combinación pecaminosa conduce a la confusión y al deterioro espiritual.

Las marcas de un verdadero apóstol y profeta

También es necesario que identifiquemos las marcas de los verdaderos apóstoles y profetas: (1) Han sido constituidos por el Espíritu Santo. Él los ha seleccionado y les ha dado la unción, y la capacidad para ejercer el ministerio y el don de apóstol y el de profeta. (2) Su misión es edificar y capacitar a la congregación para el ministerio. (3) Los apóstoles son misioneros que han plantado iglesias y tienen varios discípulos que les

---

[28] Esta información está disponible en Wagner, *Apostles and Prophets,* pp. 48-56. Esto que el texto dice en Efesios 4:11.

[29] Wagner, *Apostles and Prophets*, p. 51.

siguen en ese propósito. (4) Los apóstoles y los profetas son sumisos a la autoridad espiritual que los envía y les da sus credenciales para el ministerio. (5) Son personas mansas y humildes de corazón. (6) La fuente de su ministerio está en el Espíritu Santo y en la calidad de servicio que ofrecen a la iglesia. (7) Establecen y mantienen relaciones sanas con colegas y compañeros de ministerio. (8) Respetan a las organizaciones cristianas existentes y a los líderes de éstas. (9) Mantienen una reputación intachable con su familia, con la iglesia y con otros miembros del cuerpo de Cristo. (10) Son personas sencillas de corazón, obedientes y sumisas. (11) La motivación de su ministerio es el desarrollo y el beneficio de los demás y no los suyos propios. (12) Su envío como misionero es confirmado por el Espíritu Santo y por la iglesia [mediante la imposición de manos] (Hechos 13:2-3).

En Resumen

Entre otras, éstas son algunas conclusiones que me parecen relevantes en este momento. El tema es muy amplio y se antoja para un debate mucho más prolijo. Sin embargo, con el fin de concluir este documento me permito sugerir las siguientes ideas:

1. Las instituciones de formación teológica y pastoral deben estudiar estos movimientos con objetividad bíblica, doctrinal y hermenéutica. En la mayoría de los casos, los pastores y líderes de las iglesias son sorprendidos por estas corrientes nuevas en su buena fe y deseo por servir a Dios. Se necesita el consejo, la dirección y la enseñanza que ofrezca alternativas balanceadas al liderazgo de la iglesia frente a los nuevos movimientos que surgen con mucha frecuencia.

2. El movimiento apostólico y profético es una ola más entre las muchas que se levantan cuando líderes creativos, acompañados de pensadores de renombre, reciben la experiencia pentecostal. Este movimiento no ofrece nada nuevo. Lo que está haciendo es tratar de crear una nueva super estructura religiosa, cambiando la nomenclatura tradicional por nombres y posiciones nuevas en la estructura eclesial.

Ahora, en vez de que gobiernen los obispos, los nuevos gobernantes serán los apóstoles. Ya no es necesario que existan las denominaciones, la propuesta es que haya grupos de iglesias gobernadas por apóstoles. El problema entonces es, ¿quién gobierna a los apóstoles? Obviamente éstos practican un estilo de gobierno donde solamente se someten a Dios. No obstante, ya ha comenzado a asomarse otro modelo que podría añadir un piso más a la pirámide del movimiento apostólico y profético. Por ejemplo, en Amazonas, Brasil, el Apóstol René Terra Nova ya ha sido elevado al título noble de "Patriarca," porque él gobierna sobre los apóstoles de Brasil.[30] La historia, al igual que las modas, se repite y ésto también es bíblico (Eclesiastés 1:9). Un estudio sobre la naturaleza y propósito de los movimientos nuevos en la iglesia debe tomar lugar en los seminarios.

3. Aunque la controversia obviamente es inevitable, es importante manejar estas situaciones con mucha objetividad. Hay áreas de estudio que deben manejarse seriamente: (1) Qué ha hecho, o que no ha hecho el movimiento pentecostal y evangélico tradicional para prevenir este tipo de circunstancias que generan controversia? Por supuesto, el crecimiento del movimiento del Espíritu Santo es gigantesco, nadie podrá por grande que sea usurpar el papel del Espíritu en la vida y misión de la iglesia. Sin embargo, en nuestras áreas de acción, sí podemos enseñar, corregir y ofrecer consejo sano a nuestros seguidores.

4. El derecho a separar el trigo y la cizaña es tarea de los ángeles segadores que el Señor enviará a su viña (Mateo 13:41-43). Obviamente eso es así porque sólo el Espíritu Santo conoce las verdaderas motivaciones y las intenciones del corazón de los hombres. Sin embargo, el Espíritu mismo ha brindado a la iglesia el don de discernimiento y de sabiduría para poder identificar estas personalidades y manejarlas como es debido a favor de la edificación de la iglesia. Las características de los verdaderos y los falsos apóstoles y profetas acá mencionadas sólo son aproximaciones y éstas pueden variar según el contexto y la personalidad, pero obviamente el espíritu que las motiva es el mismo y es necesario descubrirlo y ponerlo en orden según el poder del Nombre de Jesucristo. Él ha dicho en su

---

[30] Información completa sobre el ministerio, relaciones y apostolado de René Terra Nova está disponible en *http://www.reneterranova.com.br/site/content/index.php*. Accesado 14 Mayo 2011. La información sobre el nuevo título de Terra Nova la recibí en forma verbal durante mi visita a Goiânia, Brasil, en Mayo 2011. Lo mismo he escuchado acerca del apóstol Rony Chaves en Costa Rica. Estos han ungido a tantos apóstoles y profetas que ya han empezado a buscar solución al problema irónico de la superpoblación—muchos caciques y pocos indios." Más información sobre el ministerio apostólico de Rony Chaves se encuentra disponible en su propia website: *http://www.ronychaves.org/index.aspx*. En su presentación Chaves reclama paternidad sobre apóstoles y profetas que él ha ungido a través de 25 años de ministerio en Costa Rica y las naciones.

Palabra, "que las puertas del infierno no prevalecerán contra la iglesia" (Mateo 16:13-19; Lucas 9:18-21; Marcos 8:27-30). Esa es definitivamente la motivación que mueve a los hijos de Dios a seguir firmes y llevar mucho fruto que traiga honra y gloria al nombre del Señor.

5. Está claro que aún hoy, el Espíritu Santo continúa derramando sus dones de apóstoles, profetas, evangelistas, pastores y maestros para la edificación y la capacitación ("perfección") de los creyentes para el ministerio. Pero también debemos ser conscientes de que se necesita el don de discernimiento y de sabiduría para enfrentar debidamente la infiltración del enemigo a través de falsos apóstoles, profetas, evangelistas, pastores y maestros, los cuales hacen todo lo contrario, sembrando confusión, división y discordia entre los creyentes. Eso hace necesario el conocimiento de los creyentes de la Palabra de Dios y la llenura del Espíritu Santo. Luego entonces, (1) el testimonio de la Palabra de Dios, (2) la sabiduría del Espíritu Santo, (3) la confirmación de la comunidad de fe y, (4) el testimonio de la historia de la iglesia producirá un ambiente de seguridad y cumplimiento de la voluntad de Dios en la vida de la iglesia.[31]

6. Otros temas relacionados con este asunto deben ser estudiados académica, teológica y doctrinalmente por las instituciones pentecostales de formación ministerial: (1) El liderazgo independiente y dictatorial del movimiento de las mega iglesias. (2) La doctrina del reino según la entienden y la manejan los mencionados líderes. (3) El objetivo final de los recursos económicos y la inversión del dinero de estos. Estos y otros temas deben ser expuestos a la luz de la exégesis y la interpretación bíblica seria.

En años recientes, Lee Grady, les ha tomado el pulso a los movimientos de renovación carismática. Este ha notado como estos movimientos, al comienzo, restauraron el poder del Espíritu Santo en las iglesias y atrajeron a multitudes al altar. Pero luego, estos mismos movimientos están separando a muchos de la iglesia del Señor.[32] Grady agrega, si rechazamos el misticismo, el elitismo y nuestra entrega al dinero y al éxito,

---

[31] Vea una explicación completa sobre el método hermenéutico integrativo de interpretación bíblica en mi artículo publicado de la siguiente manera: Miguel Álvarez, "Hacia una Hermenéutica Esperanzadora" en *El Rostro Hispano de Jesús* (Barcelona, España: CLIE, 2013).

[32] J. Lee Grady, *Rekindling the Power of God in an Age of Compromise: The Holy Spirit is Not for Sale* (Grand Rapids, MI: Chosen, 2010), pp. 51-67.

es posible que las iglesias recuperen el fuego y el sello del Espíritu.[33] Es obvio entonces, que necesitamos volver al altar, con humildad y arrepentimiento en busca del socorro oportuno del Señor de la iglesia.

---

[33] Grady, *Rekindling the Power of God,* pp. 59-65.

PENTECOSTALISMO Y METROPOLIS
ENTRE PENTECOSTES Y ARMAGEDON

Daniel Chiquete

Introducción: dos fenómenos de la modernidad

La zona metropolitana de la Ciudad de México es la más poblada del mundo con más de 21 millones de habitantes.[1] La Ciudad de México es de las más fascinantes y conflictivas del continente americano. A su vez, el pentecostalismo es el fenómeno religioso más dinámico y heterogéneo de la historia moderna del cristianismo. Es un movimiento con enorme capacidad de adaptación a las más diversas circunstancias socioculturales y geográficas. En México, como en muchos otros países, es el movimiento cristiano no-católico más grande y con crecimiento más acelerado.

El interés principal de este artículo es destacar algunas de las relaciones entre el pentecostalismo y la Ciudad de México, tomando como referencia a la más antigua y grande iglesia pentecostal del país: la Iglesia Apostólica de la Fe en Cristo Jesús (IAFCJ). ¿Qué significa ser pentecostal en esta ciudad? ¿En qué se diferencia un pentecostal de la capital del país de uno del interior? ¿Qué papel juega esta metrópolis en la conformación de la identidad y en la práctica religiosa de un creyente de esta iglesia? ¿Qué aporta el pentecostalismo al concepto y desarrollo de la misión en las metrópolis? Intentaré presentar algunas respuestas provisorias a estos cuestionamientos esperando que contribuyan a un debate más amplio respecto al fenómeno del pentecostalismo mexicano, específicamente en su relación con la más grande metrópoli del mundo.

La Ciudad de México: breve relación histórica

La actual Ciudad de México es el fascinante y monstruoso resultado de varios siglos de historia y una cadena de acontecimientos felices y desgraciados que se han combinado para gestarla. Está ubicada en el centro del

---

* Este artículo fue originalmente publicado en Academia.edu

[1] INEGI, *XII Censo General de Población y Vivienda: Resultados Preliminares* (INGE, México: Censo General de Población, 2000).

valle de México, a una altura de más de 2,200 m, exactamente sobre las ruinas de lo que fue Tenochtitlán, la capital que construyeron los aztecas en medio del lago de Texcoco, aproximadamente en el año 1300 d.C., y que causó el asombro de los conquistadores españoles por su belleza y esplendor. Conquistada y casi completamente destruida en 1521, fue la base donde se levantó el principal reino español de América, el Virreinato de la Nueva España, nombre que llevó México durante los 300 años que duró la Colonia. Durante estos tres siglos se fue conformando un pueblo heterogéneo y un país multifacético donde se fueron conjuntando características étnicas, culturas, lingüísticas y religiosas produciendo un mosaico social variado y un universo cultural y religioso difícil de conocer y explicar en su conjunto debido a su complejidad y heterogeneidad.[2]

Sobre las ruinas de los edificios aztecas se levantaron los palacios de los nuevos señores del país y sobre los templos y adoratorios de los aborígenes se erigieron las iglesias cristianas, las que intentaban suprimir material y simbólicamente a las religiones prehispánicas. Los mejores ejemplos actuales de esta política son la Catedral Metropolitana, construida a escasos metros de donde se encontraban los templos gemelos de los dioses Huitzilopochtli y Tláloc, y la antigua Basílica de Guadalupe, erigida en un promontorio donde los aztecas adoraban a la diosa Tonantzin. Las conquistas militares y religiosas, con el consecuente enriquecimiento de los españoles, se fueron plasmando en una ciudad de contrastes extremos entre la suntuosidad de los palacios de los españoles y sus herederos y la miseria de los 'indios' sobrevivientes y de las castas que fueron generándose.

Después de la independencia de 1821 los gobiernos mexicanos siguieron concentrando los poderes reales y simbólicos en la capital. También le fueron agregando rasgos extranjerizantes a su imagen urbana, en un intento de 'modernizarla'. Especialmente importante fueron los cambios acontecidos durante la dictadura de Porfirio Díaz (el *Porfiriato*, 1876-1911), donde a las herencias prehispánicas indígenas y barroca española se le agregaron a la ciudad el neoclásica y el *art nouveau* franceses. Los contrastes sociales se acentuaron y volvieron cada vez más irritantes, de

---

[2] Véase, S. Krotz, "Kulturenvielfalt y Kulturenkonflikt in Mexiko", *Stimmen der Zeit* 212 (Freiburg, 1994), pp. 663-64.

tal modo que fueron uno de los motivos principales que provocaron el estallido de la Revolución Mexicana (1910-1917).

De esta 'revolución' surgió el México contemporáneo. La historia moderna de la capital mexicana estará marcada por el crecimiento urbano y el deterioro ambiental más impresionantes del mundo. La concentración de los poderes políticos y de los servicios educativos, de salud, recreación, administrativos, comerciales e industriales, hacen de la capital un polo de atracción para miles de habitantes, generalmente de origen campesino, que a diario llegan a esta región procedentes de todas partes del país, soñando encontrar una vida mejor. Para la mayoría en poco tiempo el sueño se transforma en pesadilla. La ciudad los rechaza y tienen que luchar por adaptarse y sobrevivir en su periferia, la cual crece sin control día a día.[3]

Así se produce una ciudad de contrastes y tensiones. Una ciudad moderna con zonas impresionantemente bellas a la par de barriadas en condiciones infrahumanas de existencia. Una ciudad donde el smog, la violencia y la sobrevivencia son sus personajes principales. La Ciudad de México es un conjunto de fragmentos heterogéneos y de una multitud de 21 millones de hombres y mujeres, gran parte de los cuales están enfermos de soledad, miedo y pobreza. En esta ciudad viven y sobreviven también varios miles de creyentes pentecostales.

Protestantismo en México: David en tierra de Goliat

Para entender el pentecostalismo mexicano se precisa tener una visión de la historia religiosa del país. A continuación, presento algunos datos importantes para acercarse a esta historia.

Antes de la conquista por los españoles el actual territorio mexicano era el asiento de diversos pueblos con diferentes grados de evolución cultural,

---

[3] Anota M. Piccini, "Redes Urbanas y Culturas Audiovisuales en la Ciudad de México", *Argumentos* 24 (1996), pp. 33-46 (35). En esta "mancha urbana" que abarca el Distrito Federal, el estado de México y algunos municipios de los estados vecinos vive 1/5 de la población del país, ilustrando todas las posibilidades de vida y sobrevivencia posibles. Casi la mitad de estos 21 millones vive en vecindades, ciudades perdidas o colonias populares, generalmente en casas autoconstruidas. Más del 30 % de las familias, con promedio de 5 miembros cada una, vive en casas de una sola habitación."

como los toltecas, zapotecas, mayas, aztecas y otros. Estas culturas habían desarrollado sofisticados y complejos sistemas de creencias y prácticas religiosas. La religión y el culto dominaban la vida diaria y exigían la inversión de grandes recursos materiales y espirituales. En la época de la conquista, que coincide con el inicio de la Reforma protestante en Europa, los aztecas habían logrado establecer su predominio militar e ideológico sobre la mayoría de los pueblos prehispánicos.[4]

Durante el periodo colonial (1521-1821) la única religión lícita es la Católica en su versión española fundamentada teológica y praxiológicamente en el Concilio de Trento y en su relación de conflicto con el islam, el judaísmo y el naciente protestantismo. Durante estos tres siglos el control de las alternativas religiosas en México fue muy severo y eficiente, evitándose la infiltración de cualquier idea ajena al catolicismo, al mismo tiempo que se luchaba por erradicar las religiones autóctonas y 'cristianizar' a la población aborigen. Durante este largo periodo se irá conformando paulatinamente un catolicismo popular fuertemente sincretista. El resultado más importante de esta religiosidad será el culto a la Virgen de Guadalupe, máximo símbolo religioso en México, síntesis compleja de la versión española de María y de la diosa azteca Tonantzin.[5] Bajo el amparo de este símbolo los *criollos* (españoles nacidos en América) logran la identificación y conjunción de las diferentes castas mestizas e indígenas, paso necesario previo a la lucha por la independencia.

Este evento marca también una nueva etapa en la conformación de la identidad religiosa de la nueva nación mexicana, donde la iglesia católica continuará ejerciendo decidida influencia religiosa, cultural y política. Esta influencia se irá consolidando hasta llegar a la colisión con los gobiernos liberales surgidos desde mediados del siglo XIX, especialmente el encabezado por el presidente Benito Juárez. Con Juárez se da la primera gran confrontación entre el estado y la iglesia católica. Entre 1855 y 1857 Juárez implementa diferentes leyes que reducen drásticamente los privilegios y prerrogativas de la iglesia, como el derecho de posesión de bienes materiales, incluyendo los edificios para el culto, los cuales le fueron

---

[4] Véase, Art R. Müller, *Mexiko: Theologische Realenzyklopädie* (Vol. XXII. New York, NY: De Gruyter, 1992), pp. 685-94.

[5] Jorge F. Báez, "Los Hijos de Guadalupe: Religiosidad Popular y Pluralidad Cultural en México", *La Palabra y el Hombre* 89 (1994), pp. 5-30.

confiscados, y la supresión de las órdenes religiosas, entre otras, provocando un largo período de tensión en el país.[6] En este ambiente Juárez facilita el ingreso al país de sociedades misioneras protestantes, en el afán de romper la hegemonía absoluta que ejercía la iglesia católica en el campo religioso. Es así como a partir de 1872 se data la presencia del protestantismo en México.[7]

Después del turbulento período de Juárez, México entrará en una etapa de estabilidad interna debido al férreo control ejercido por Porfirio Díaz. Díaz no abolirá las leyes anticlericales, sin embargo, la iglesia católica aprovechará este tiempo para recuperar y consolidar su poder económico, religioso e institucional. Díaz promueve un vertiginoso proceso de modernización en el país cuyas obras más visibles se darán en la arquitectura de la Ciudad de México, la explotación intensiva de la minería y la construcción masiva de vías de comunicación, sobre todo el ferrocarril. Esto obligó a invitar a muchos ingenieros y técnicos extranjeros europeos y norteamericanos, los cuales venían, en muchos casos, acompañados de sus familias y también de sus ideas protestantes. Estos grupos no tardarían en contactar con los libres pensadores mexicanos y otros círculos con aspiraciones democráticas y religiosamente anticatólicos. Esta movilidad en la sociedad y en el flujo de ideas provocará cierta expansión y consolidación del protestantismo. De estos grupos habrán de surgir algunos de los ideólogos de la Revolución Mexicana, iniciada en 1910, varios de ellos practicantes o simpatizantes del protestantismo.

Al principio el liderazgo de los grupos protestantes estará en manos de misioneros extranjeros, pero la mayoría de ellos fueron expulsados del país como represalia por una intervención militar norteamericana en 1914. Desde entonces los principales líderes protestantes serán mexicanos.[8] El desarrollo y consolidación de iglesias protestantes será relativamente lento y difícil. Su presencia se manifestará principalmente en las clases medias urbanas. De 1914 a 1950 se establecerán la mayoría de las iglesias

---

[6] J. D. Rudolph (ed.), *Mexico: A Country Study* (Washington, DC: American University, 1985), pp. 141- 42.

[7] Jean Pierre Bastian, *Los Disidentes: Sociedades Protestantes y Revolución en México, 1872-1911* (México, DF: FCE, El Colegio de México, 1989), p. 48.

[8] Müller, *Mexiko*, p. 693.

pentecostales que actualmente existen en el país, cuyo crecimiento será relativamente lento hasta 1950. A partir de esa década experimentarán un crecimiento acelerado, sobre todo en los estados fronterizos del norte y sureste y en las periferias de las grandes ciudades. El pentecostalismo mexicano, como en el resto de América Latina, se difundirá principalmente en las clases sociales y económicas más desprotegidas, aunque a partir de los 80 se presencia en las clases medias es cada vez más evidente.[9] En México la población cristiana no católica es del 6 al 9 %, de la cual al menos el 75% pertenece a alguna iglesia o grupo pentecostal.[10]

La Iglesia Apostólica en la Ciudad de México: entre el carisma y la institución [11]

La Sra. Romana Carvajal de Valenzuela fue una campesina mexicana que emigró a Los Angeles huyendo de la Revolución Mexicana. En 1912 se convirtió al pentecostalismo, que estaba en efervescencia en esta ciudad. En 1914 regresó a su pueblo natal en Chihuahua, estado norteño mexicano, a compartir su nueva experiencia pentecostal a sus parientes y amistades, logrando varias conversiones y dando origen al primer grupo de pentecostales mexicanos que pocos años después se llamaría *Iglesia Apostólica de la Fe en Cristo Jesús* (IAFCJ).

Esta iglesia tendría una lenta pero constante expansión en los estados del norte del país. En la década de los 40 llega a la Ciudad de México y para

---

[9] Jean Pierre Bastian, "Ein neuer Wettstreit der Konfessionen: Pfingstkirchen Gewinnen in Mexiko Anhänger—vor Allem an den Rändern der Gesellschaft", *Der Überblick* 36 (2000), pp. 57-61 (57). A partir de los años 50s y en mayor medida desde los 80s docenas de organizaciones y grupos religiosos encontraron el camino hacia las masas de mexicanos. Estos grupos ofrecen un cuadro extraordinariamente variado. Dominan las iglesias pentecostales que tienen relaciones con grupos en los Estados Unidos, como las *Asambleas de Dios* y la *Iglesia de Dios* o, comunidades pentecostales mexicanas como la *Iglesia Apostólica*, así como iglesias establecidas entre la población indígena y que portan fuertes rasgos mesiánicos, como *La Luz del Mundo*.

[10] Müller, *Mexiko*, p. 693.

[11] Véase, Manuel J. Gaxiola-Gaxiola, *La Serpiente y la Paloma: Historia, Teología y Análisis de la Iglesia Apostólica de la Fe en Cristo Jesús 1914-1994* (México, DF: Pyros, 1994); y Eliseo López Cortés, *Pentecostalismo y Milenarismo: La Iglesia Apostólica de la Fe en Cristo Jesús* (México, DF: Universidad Autónoma Metropolitana, 1990).

los 50 ya está presente en el estado de México y otros estados del centro del país. Sólo hasta los 80 logra establecer comunidades en todos los estados mexicanos. En términos generales podemos esquematizar la historia de la IAFCJ en 4 etapas: (1) 1914-1932: etapa de formación; (2) 1932-1944: etapa de expansión; (3) 1944-1980: etapa de centralización y consolidación de la burocracia administrativa; y (4) a partir de 1980: etapa de crisis y búsqueda de readaptaciones a las cambiantes situaciones internas de la iglesia y externas del país. Ampliaré los tres últimos puntos en relación con la Ciudad de México.

En la capital probablemente había pentecostales de la IAFCJ desde 1936, pero la primera comunidad oficialmente establecida data de 1947. Es la época en que la capital experimenta un importante crecimiento económico e industrial e inicia un acelerado proceso de expansión. La periferia urbana acelera su crecimiento en un proceso que llega hasta nuestros días. En esta periferia nacen o se desarrollan diversos grupos carismáticos que con frecuencia tienen mucho "éxito". Curiosamente no es el caso de la IAFCJ, pues hasta el presente sólo existen alrededor de una decena de iglesias establecidas de esta institución y algunos grupos en proceso de lograrlo. En relación con las estadísticas de esta iglesia y del pentecostalismo mexicano, el número es muy pequeño. Algunos pastores del interior del país, comparando el crecimiento de las comunidades de la capital con el de otras ciudades mexicanas, opinan que la IAFCJ ha "fracasado" en la Ciudad de México.

La IAFCJ nace como un movimiento carismático milenarista en medio de los años turbulentos de la revolución mexicana y de las décadas posteriores, caracterizadas por enormes cambios económicos y sociales. Cuando se establece en la capital, se encuentra en un marcado proceso de institucionalización. Las congregaciones de la IAFCJ de la capital reflejarán en su vivencia religiosa y su participación social una tensión entre el carisma y la institución. En cada una predominará una tendencia sobre la otra, de acuerdo con el tipo de membresía, liderazgo y ubicación socio-geográfica del grupo.

En algunas congregaciones los miembros son pequeños comerciantes, artesanos, obreros, aunque también puede haber algunos maestros y pequeños burócratas. Es posible también encontrar algunos profesionistas bien remunerados. Muchos de sus miembros son creyentes de "segunda generación", es decir, hijos o hijas de pentecostales, nacidos ya en la ciudad, y naturalmente adaptados a la vida metropolitana. Los lugares de reunión de estas congregaciones se encuentran en barrios modestos, pero sin llegar a las periferias paupérrimas. Curiosamente algunos de sus pastores poseen una sólida formación académica. En este tipo de congregaciones sus miembros buscan más la forma de adaptarse a la vida de la metrópolis que a la denuncia de sus pecados y a la predicción de su ruina. Lógicamente predomina la tendencia institucional, más acorde al deseo de superación económica y ascenso social de sus miembros.

En el otro tipo de congregaciones predominan los campesinos llegados a la capital, expulsados por la miseria de sus lugares de origen. En la capital, no tienen otra opción que asentarse en la periferia, donde buscan reconstruir su mundo y sus formas comunitarias de vida[12] en las comunidades pentecostales, entre ellas las de la IAFCJ, les ofrecen esta posibilidad. Los pastores de estas comunidades tienen una experiencia diferente de la metrópoli que sus colegas anteriormente mencionados, no sólo debido a su inferior nivel académico y económico, sino también por el medio social donde desarrollan su vida y trabajo pastoral. Su discurso y práctica religiosa consecuentemente también son diferentes, donde están más presentes las manifestaciones carismáticas y sus vehementes discursos contra el mal del mundo y el inminente regreso de Cristo para establecer su reino. Pero todos los creyentes de esta institución en la Ciudad de México comparten la experiencia de la gran urbe con sus presiones constantes, su desquiciante ritmo, sus posibilidades y restricciones. Y en todos ellos su fe pentecostal es uno de los fundamentos para vivir y sobrevivir en este monstruo urbano.

Pentecostalismo y metrópolis: entre Pentecostés y Armagedón

Utilizando estas figuras bíblicas quiero sugerir algunas respuestas a las preguntas planteadas en la introducción al artículo. La Ciudad de México, como todas las grandes ciudades del mundo, no sólo se caracteriza por sus enormes problemas, sino también por las posibilidades y ventajas que

---

[12] Jean Pierre Bastian, *La Mutación Religiosa en América Latina: Para una Sociología del Cambio Social en la Modernidad Periférica* (México: FCE, El Colegio de México, 1997), p. 129.

ofrece a sus habitantes. Los y las pentecostales de la capital son conscientes de esta dualidad y han aprendido a vivir con ella.

Todo creyente y toda comunidad religiosa practica su fe y conforma su universo simbólico en forma situacional. Ser pentecostal en una metrópolis como la Ciudad de México es diferente a serlo en cualquier otro lugar. En diferentes contextos la fe se expresa y se vive en forma diferente, de acuerdo con las condiciones del mundo exterior, con quien necesariamente se establece una relación de intercambio.

En sociedades como las de la Ciudad de México, con alto grado de anomia, las comunidades pentecostales integran a los individuos en un grupo cohesivo que les da una identidad. La iglesia les permite tener una comunidad de afecto y simpatía, que compensa la indiferencia y violencia urbanas. Le ayuda al individuo en la salvaguarda de su integridad emocional y psicológica.

Las prácticas carismáticas y el ejercicio de los rígidos códigos éticos son importantes para la construcción de la identidad grupal y para la promoción de la autoestima, ambos vitalmente importantes para la existencia metropolitana. Aunque calificados por los pentecostales del interior como "mundanos", los pentecostales capitalinos tienen en su normatividad ética una guía de conducta que les permite desenvolverse socialmente en la metrópolis con una necesaria conciencia del "nosotros" en diferenciación a los "otros". Esto los preserva de la desintegración de la personalidad y les da seguridad para la vida cotidiana.

En el siglo XXI el pentecostalismo seguirá siendo la respuesta para millones de personas perdidas en las grandes metrópolis. Su preferencia por la comunicación oral, su vivencia comunitaria, su sentido de pertenencia, su "fuego del Espíritu", su fe "irracional", es decir, su pentecostalidad, seguirá siendo un definitivo factor de salvación en las metrópolis. La IAFCJ es una de las tantas comunidades pentecostales que aportan algo de sí al enriquecimiento de la espiritualidad cristiana en la Ciudad de México. La fe de los y las pentecostales de la Ciudad de México les ayuda a enfrentar los retos de la gran metrópolis, a encontrarle sentido a las formas del sinsentido de la vida urbana, a darle una explicación más o menos coherente al "Armagedón" cotidiano y a sostener la esperanza por medio de un repetitivo "Pentecostés". En una ciudad amenazada por las plagas apocalípticas, las comunidades pentecostales viven gracias a su esperanza en la "Nueva Jerusalén". En ese sentido, ellas también son un Evangelio, ellas son "buenas noticias".

CONVERSACIONES TEOLOGICAS Y TENSIONES SOBRE UNA 'TEOLOGIA DESDE LA NIÑEZ' EN AMERICA LATINA

NUESTRAS CONVERSACIONES Y COMO SE TORNAN PROBLEMATICAS

Ramón Nonato Alvarado Gómez

Introduccón

El siglo XXI ha comenzado como un reto teológico para el movimiento pentecostal al demandar de la academia pentecostal nuevas pautas teológicas ante culturas cambiantes con nuevas situaciones sociológicas y políticas.[1] Aunque esta aseveración tiene un tono amenazante para algunos, yo lo planteo como una crítica constructiva, tomando en cuenta la posición teológica de H. Richard Niebuhr en su obra *Christ and Culture*, donde él se dirige al "enduring problem"[2] (problema persistente); la aplicación de la 'revelación en Cristo' a los 'patrones de la cultura'. Me parece que las propuestas teológicas pentecostales[3] y no pentecostales, vigentes desde el siglo pasado, que tratan con el "enduring problem" de forma directa e indirecta, ameritan ser consultadas por la iglesia pente-

---

[1] La base de este artículo es una ponencia ofrecida en la Consulta Latinoamericana sobre Teología de la Niñez titulado *Conversaciones Teológicas Y Tensiones Sobre Una 'Teología De La Niñez' en Latinoamérica: Nuestras Conversaciones y Cómo Se Tornan Problemáticas*, Quito, Ecuador, SEMISUD, 17-21 de Agosto de 2015.

[2] H. Richard Niebuhr, *Christ and Culture* (New York, NY: Harper & Row, 1951), p. 11.

[3] Al presente se pueden identificar algunas propuestas pentecostales claves. Por ejemplo, Steven Jack Land, *Pentecostal Spirituality: A Passion for the Kingdom* (Cleveland, TN: CPT Press, 2010); Darío López, *Pentecostalismo y Transformación Social* (Buenos Aires, Argentina: Ediciones Kairós, 2000); Amos Yong, *Learning Theology: Tracking the Spirit of Christian Faith* (Louisville, KY: Westminster John Knox Press, 2018); Miguel Alvarez, *Pasión por la Palabra: Hacia una Hermenéutica Latina*, (Cleveland, TN: Center for Latino Studies, 2017); Frank D. Macchia, *Baptized in the Spirit: A Global Pentecostal Theology* (Grand Rapids, MI: Zondervan, 2006) y, Keith Warrington, *Pentecostal Theology: A Theology of the Encounter* (London, UK: T&T Clark, 2008).

costal, identificando e incorporando aquellos elementos que proveen identidad eclesiológica, pautas misionales y directrices de acción social. Este escrito se basa en esa premisa, reconociendo que existen dos prob-lemas aún mayores que necesitan ser atendidos urgentemente; la relación fragmentada entre la 'Academia' y la 'Iglesia local',[4] como también la descolonización[5] de la 'teología del Espíritu Santo' en el contexto latino-americano.

Conociendo personalmente el distanciamiento entre la academia y la iglesia, entiendo la necesidad de propuestas teológicas 'funcionales' para la iglesia. 'Iglesia' y 'Academia' nos informa que el quehacer teológico es una tarea donde la 'Palabra' interpretada y las interrogantes de la fe se encuentran para el diálogo. Gustavo Gutiérrez lo resume magistralmente, "El discurso de la fe empieza en el seno de la comunidad cristiana que vive en medio de pueblos y naciones que luchan por afirmar su dignidad humana y su condición de hijas e hijos de Dios. Ese es nuestro contexto inmediato."[6] Sin embargo, la academia ha secuestrado el quehacer teológico, porque la iglesia lo ha abandonado como quehacer eclesial.

Teología en su acto inicial es la vida de fe práctica de la comunidad eclesial al interpretar y responder a Dios.[7] Esta experiencia, o acumulación de experiencias, son formuladas en pensamientos o testimonios que llegan a la academia, sea por observación o dialogo. En la academia comienza el proceso de juicio teológico con su resultado para la iglesia; educación

---

[4] Desde mi experiencia académica y como creyente participativo en la vida de la iglesia, percato rasgos de fundamentalismo y fideísmo en la iglesia, y posturas teológicas demasiadas críticas, utópicas y complejas por la academia. Véase, por ejemplo, Lawrence Grossberg, "El Corazón de los Estudios Culturales: Contextualidad, Construccionismo y Complejidad", *Tabula Rasa* 10 (2009).

[5] 'Descolonización' es un término teológico reciente, con el cual, desde el Tercer Mundo se argumenta que su paisaje teológico ha sido invadido, perturbado y destruido por teologías venidas de afuera y propone el rechazo de esas importaciones o imitaciones teológicas. También propone la recuperación de nuestro suelo teológico y sus potencialidades. Virginia Fabella y R. S. Sugirtharajah (eds.), *Diccionario de Teologías del Tercer Mundo* (Estella, Navarra, España: Editorial Verbo Divino, 2003), p. 113.

[6] Gustavo Gutiérrez, *La Densidad del Tiempo* (Salamanca, España: Ediciones Sígueme, 2003), p. 74.

[7] "que Dios estaba en Cristo reconciliando consigo al mundo", 2 Corintios 5:19, es el principio básico de todo quehacer teológico.

teológica. En esto consiste la teología, situar al ser humano delante de Dios en su entorno. La educación teológica tiene como fundamento la experiencia y su interpretación teológica, no en principios absolutos que solamente pueden ser discutidos dogmáticamente. Por tanto, la educación teológica es teología en cuanto puede ser aplicado hasta su revisión, para una renovación.[8] La academia pentecostal con sus teólogos y eruditos, es llamada a interpretar y razonar la 'problemática teológica de la comunidad'. Los teólogos son mediadores y apologistas para la iglesia cuando las interrogantes que surgen retan la comprensión o amenazan la base de fe.

La educación teológica de la academia pentecostal surge como una tarea eclesial para aportar hacia una nueva configuración del 'pentecostalismo clásico', de tal manera que aportemos a resolver estas paradojas y contradicciones. Entre tantas teorías y metodologías, yo propongo incorporar una 'teología desde la niñez', desde un marco teórico de 'deconstrucción'[9] para continuar reconciliando esta separación teológica entre la academia y la iglesia. Para así mantener su fundamento, ayudando renovar la iglesia, confrontando los retos teológicos y ayudar a interpretar la actividad de Dios en el presente.[10]

También entiendo que cualquier propuesta teológica debe incluir una cristología comprensible y funcional para iniciar una 'descolonización' de nuestra teología del Espíritu Santo. Por ejemplo, la Iglesia de Dios (Cleveland, Tennessee) impone una postura eclesial en donde el género femenino ocupa una posición inferior al masculino en el ministerio. Esta pauta administrativa que es parte del gobierno de esta denominación pentecostal se sostiene por la Escritura y el Espíritu Santo. El autor piensa que se ha "domesticado" el Espíritu Santo en Norte América en un

---

[8] La obra de Lamar Vest, *Spiritual Renewal: The Pain and the Glory* (Cleveland, TN: Pathway Press, 2000), es un ejemplo dentro de la Iglesia de Dios.

[9] La 'Deconstrucción' es un método de análisis que enfatiza la arbitrariedad, manipulación y prejuicios involucrados en la composición de textos, modos de pensamiento, conducta y lenguaje. Su fin es la crítica constructiva hacia la realidad contextual. Utilizo 'deconstrucción' según lo define Jacques Derrida, como el acto de contextualizar. Véase, Jacques Derrida, *Introduction to Phenomenology* (New York, NY: Routledge, 2000), pp. 435-74.

[10] En la teología pastoral europea las cinco áreas de la tarea eclesial sugieren la labor presente, son; liturgia [*leitourgía*], educación [*didaskalia*], misión [*kerigma*], comunidad [*koinonia*], servicio [*diskonía*].

evangelio colonizado, y transportado a otras naciones y culturas. Según Warrington, "Debido al énfasis Pentecostal en el Espíritu, se podría deducir que estos tengan una percepción equivocada de Jesús. Sin embargo, los pentecostales tratan de proveer una teología que sea teocéntrica y cristocéntrica. De hecho, se puede argumentar que el pentecostalismo es más bien 'Jesucéntrico' que 'espirituucéntrico.' A esta combinación la identifica como 'pneumatológicamente cristocéntrica."[11]

La Cristología constituye el corazón de la teología pentecostal. Pues se enfoca en la obra salvadora de Dios en-Cristo, en la figura del 'Jesús histórico'–'Cristo de la fe', con sus implicaciones para el presente y futuro de la humanidad. Jesucristo es el punto histórico del comienzo de la Cristiandad. El cristianismo no es un sinnúmero de ideas auto-contenidas y libremente sostenidas. Representa una respuesta sostenida a las preguntas que surgen con la vida, muerte y resurrección de Cristo. Es una religión histórica que surge de eventos específicos. Conocimiento de Jesucristo no es simplemente 'académico' o 'histórico' en el conocimiento; es conocimiento de fe. Este principio señala que la Cristología no es para satisfacer la curiosidad histórica o para entrar en especulaciones triviales. Es para afirmar que en Jesús, Dios está presente y activo en la redención o salvación del mundo. De este dogma de la Cristiandad es que se sostiene la misión Pentecostal facultada por el Espíritu Santo.

Los tres problemas mencionados representan algunos retos para el movimiento pentecostal, que pueden ser oportunidades de construcción teológica, edificación y transformación para la iglesia.

Desde esta plataforma me permito ofrecer un modelo teológico más reciente, la 'Teología desde la Niñez', que nos puede acompañar en esta tarea académica. Trataré de ser reflexivo, teológico, critico, contextual y constructivo al incorporar la "Teología desde la Niñez"[12] al diálogo

---

[11] Warrington, *Pentecostal Theology*, pp. 44-8.

[12] Teología desde la Niñez es la traducción del autor sobre 'Child Theology'. Esta teología está en desarrollo por el "Child Theology Movement". Para más información, véase, www.childtheology.org.

teológico pentecostal. Con el título "Conversaciones[13] teológicas y tensiones sobre 'Teología desde la Niñez' en América Latina: Nuestras conversaciones y como se tornan problemáticas", haré una exposición que será la continuación de una tarea ya comenzada desde la academia pentecostal.

Teología de la Niñez

Teología Desde La Niñez es un movimiento teológico que surge en el tercer mundo, a partir del 2002, y representa una de las conversaciones más importantes en el mundo hoy. La inclusión de los asuntos de la niñez como parte dinámica de la reflexión teológica sobre el Reino de Dios nos permite reinsertar la Cristología a la Teología Pentecostal y ayudar a la Iglesia y a la academia a acercarse desde un nuevo paradigma teológico. Es la tarea teológica de pensar y hablar del Reino de Dios con un niño en el medio. En su texto traducido al español, 'Punto de Ingreso: Hacia una teología del niño con Mateo 18', Willmer y White señalan que "La aspiración clave del Movimiento de la Teología de la Niñez se expresa en la formula: No debe existir ninguna actividad relacionada con la niñez sin una reflexión teológica; es decir, no debe haber teología sin un niño en el medio."[14]

Nuevo paradigma teológico

Mientras la Iglesia en América Latina se concientiza sobre la necesidad de una teología contextual,[15] que no es un paradigma teológico nuevo, sino una modificación del método correlacional de Paul Tillich.[16] En la reciente consulta sobre 'Teología de La Niñez' se han comenzado conversaciones

---

[13] "Child Theology seeks always to have the child placed by Jesus in the midst of conversations and reflections." Keith J. White, *Introducing Child Theology: Theological Foundations for Holistic Child Development* (Panang, Malaysia: Compassion International, 2012), p. 8.

[14] Haddon Willmer y Keith J. White, *Entry Point: Towards Child Theology with Matthew 18* (London, UK: WTL Publications, 2013), p. 13.

[15] Véase, Stephen B. Beavans, *Models of Contextual Theology* (Maryknoll, NY: Orbis Books, 1992), pp. 46-63.

[16] El método de correlación explica los contenidos de la fe Cristiana a través de preguntas existenciales y respuestas teológicas en una interdependencia mutua. Véase, Paul Tillich, *Systematic Theology* (Vol. 1. Chicago, IL: University of Chicago Press, 1952), p. 60.

sobre sus prioridades y la posibilidad de la incorporación de una teología desde la niñez contextual en América Latina. Conversaciones que comienzan desde la premisa teológica que "nuevas situaciones demandan nuevas teologías", o desde América Latina, "viejas situaciones demandan nuevas teologías". La situación existente de la niñez en Latinoamérica es abrumadora y perturba la conciencia y la razón. Desde el siglo pasado ya se escuchaban discursos que alertaban sobre el empeoramiento de la condición de la niñez. En su obra *Las venas abiertas de América Latina*, señalaba Eduardo Galeano para el 1973, en la introducción titulado 'Ciento veinte millones de niños en el centro de la tormenta', donde él responde a la aseveración de Josué de Castro que, "Ciento veinte millones de niños se agitan en el centro de esta tormenta."[17]

En una primera parte de este escrito intentaremos una conversación que comprenda una contextualización crítica de América Latina y la teología desde la niñez desde una teología pentecostal. Para la contextualización será necesario apelar a un breve estudio bíblico del Salmo 137, donde el versículo 9 dice "... ¡Dichoso el que agarre a tus hijos y los estrelle contra la pena!" El texto manifiesta una despreciable decisión de destruir la próxima generación para sumergir el contexto inmediato en la desesperanza. Según Leslie C. Allen, "Such texts as these in Old and New Testaments are given to readers in the throes of disorientation, not to those basking in the seasons of orientation or reorientation."[18] Esta aseveración contiene la metodología que se utilizará en esta ponencia: orientación como tiempos de bienestar y felicidad; desorientación como tiempos de dolor, sufrimiento, alienación y muerte; reorientación, tiempos de ser abrumados por/de los regalos (presencia-gozo) de Dios, cuando el gozo irrumpe en medio de la desesperanza.[19] La metodología tiene su

---

[17] Les invito a una lectura de esta obra clásica sobre Latinoamérica, para sumergirnos en una retrospección crítica desde el 2016 y, una visión eclesial emergente hacia adelante. Eduardo Galeano, *Las Venas Abiertas de América Latina* (Buenos Aires, Argentina: Siglo XXI Editores, 1971), pp. 17-38.

[18] Leslie C. Allen, *Word Biblical Commentary: Psalms 101-150* (Dallas, TX: Word Inc., 2002), p. 310.

[19] Esta metodología la desarrollo Walter Brueggermann como un patrón para interpretar los salmos. Se incorporará en esta ponencia al conversar desde la orientación - desorientación, y responder a la tensión desde la reorientación. Véase, Walter Brueggemann, *Message of the Psalms* (Minneapolis, MN: Augsburg Press, 1984).

fundamento en la ausencia y presencia de Dios que experimenta la humanidad ante la adversidad. Para ello es imprescindible apelar a una propuesta que incluya los elementos esenciales de teología pentecostal. La más reciente que contiene una excelente propuesta teológica pentecostal la escribe Keith Warrington, titulada *Pentecostal Theology: A Theology of Encounter*[20]. Sin embargo, estos planteamientos nos informan desde el inicio la tensión, ¿están los niños incorporados en nuestra teología? Permítame una definición de teología como, una propuesta relación-salvífica donde el quehacer teológico busca discernir, trazar, descubrir y entender la revelación progresiva de Dios como el testimonio de la actividad de Dios (creador, providencial y salvífico), como también la auto-revelación que revela el ser de Dios en cuanto a su voluntad, su sentir y sus propósitos". Añado una advertencia que comunico a mis educandos, la teología nunca reemplaza a Dios y su actividad-acción en el mundo.

En un segundo momento de estas páginas intentaremos dialogar sobre incorporar la espiritualidad pentecostal en una teología desde la niñez de manera funcional. Toda espiritualidad, incluyendo la espiritualidad pentecostal, es sostenida por la presencia de Dios en la historia. Por lo tanto, sugiero que ha habido "encuentros con el Espíritu Santo" - en la historia a través de todas las etapas de la vida existencial, incluyendo el presente con la teología de la niñez, que demanda una reflexión teológica innovadora. De inmediato se nos presenta la tensión, atrevernos a una deconstrucción teológica de la espiritualidad pentecostal (quizás de todas nuestras espiritualidades).

Estas dos conversaciones con 'implicaciones teológicas-misionales para el camino' demandan una última conversación que es imperativo para una teología pastoral pentecostal desde una perspectiva de la teología desde la niñez; ¿provee la teología desde la niñez a la iglesia una nueva teología pastoral? Sí, al afirmar que el niño es un ser-en-esperanza[21], es teológicamente un sujeto ontológico que experimenta la vida ante el dilema

---

[20] Véase, Keith Warrington, *Pentecostal Theology: A Theology of Encounter* (London, UK: T&T Clark, 2008), pp. 38-55.

[21] Jürgen Moltmann, *El Espíritu de la Vida* (Salamanca, España: Ediciones Sígueme, 1998), p. 117. El autor señala que el Espíritu de Dios crea nuevas posibilidades a nuestro alrededor a través de las circunstancias históricas.

existencial.²² Su existencia depende de la espiritualidad y la teología²³ pastoral de la iglesia, como marco de referencia. Sin embargo, la Tensión: incorporar nuevos paradigmas a la teología pentecostal desde contextos específicos, es un llamado a una desconstrucción intencional.

Todas estas conversaciones las mantendremos en el marco teológico de la niñez, como ha sido postulado y trabajado por Keith White, "un niño en nuestro medio", que plantea que el niño arroja luz como pauta interpretativa, reflexiva y critica al quehacer teológico.²⁴

Primera Conversación: Contextualización crítica de Latinoamérica y la teología desde la niñez desde una teología pentecostal.

Tensión: ¿Están los niños incorporados en nuestra teología?

Utilizando la pauta hermenéutica de Phyllis Trible²⁵, "texto de terror", como acercamiento inicial al versículo 9 del Salmo 137 veremos su importancia para esta discusión. Una lectura del Salmo 137, sin la referencia histórica provee para múltiples interpretaciones que distorsionan su uso para la teología desde la niñez. El acercamiento general como texto devocional, con su función litúrgica, elimina el niño y solo se concentra en Dios. Pero el contexto "detrás" del Salmo sitúa a uno en el cautiverio babilónico con todos sus horrores. A la misma vez, un conocimiento

---

²² Paul Tillich, *The Courage to Be* (New Haven, CT: Yale University Press, 1952), pp. 33-52. Este utiliza los conceptos de ser y no-ser como ansiedad producida por la desintegración de significado, poder, creencias y orden; cap. 2.

²³ Martin Heidegger define el uso de la teología como "seeking a more primordial interpretation of man's Being towards God, prescribed by the meaning of faith itself and remaining within it." Véase, Martin Heidegger, *Being and Time* (New York, NY: Harper & Row, 1962), p. 30.

²⁴ "Child Theology is an investigation that considers and evaluates central themes of theology – historical, biblical, and systematic- in light of the child standing beside Jesus in the midst of the disciples. This child is like a lens through which some of the aspects of God and his revelation can be seen more clearly. Or if you like, the child is like a light that throws existing theology into new relief." (Child Theology Movement, A Working Definition of Child Theology)

²⁵ Véase, Phyllis Treble, *Texts of Terror: Literary-Feminist Readings of Biblical Narratives* (Philadelphia, PA: Fortress Press, 1984), pp. 72-91.

"dentro" del texto nos coloca en Jerusalén pos-exilio. Es interesante que el "delante"[26] del texto sea venganza del pueblo hebreo, dirigido hacia los babilónicos y sus descendientes. ¡Que terror, el salmista coloca al niño en el medio, pero para destrucción! Quizás esto no sea lo más impresionante, sino la teología del pueblo hebreo que Dios los respalda en esta maldición; están orientados.

Una relectura del texto desde una postura de teología de la niñez me obliga a destacar que el salmista está desorientado. Colocaron el niño en el medio como una solución de violencia con impacto generacional. El texto informa a la iglesia latinoamericana pentecostal que no incorporar una teología desde la niñez, con toda su crítica y reflexión, implica que también estamos desorientados, aunque nuestro discurso expresa que estamos orientados. Situar intencionalmente un niño en nuestro medio en América Latina, nos puede causar una desesperación tan poderosa que nos podemos enfermar espiritualmente y aun cuestionar nuestra teología y razón de ser de la iglesia. No hacerlo y aferrarnos a la tradición, es perder la oportunidad de reenfocar teológicamente la iglesia en América Latina.

Mirar a la niñez latinoamericana a través de lentes que captan la realidad, según los hechos sin justificar o juzgar, es indispensable ante el reto de incorporar una teología de la niñez para la vida y misión de la iglesia. Con la siguiente cita podemos comenzar a contextualizar la niñez en Latinoamérica, "Según datos estadísticos de CEPAL, al 2010 la población latinoamericana menor de 19 años ascendía a 215, 640,838 niños y adolescentes, lo cual representa casi el 37% de la población total de Latinoamérica. De esta cifra se deriva una gran proporción de niños y adolescentes, que han sido víctimas de explotación, violencia, abandono, problemas escolares, alcohol, drogas, entre muchos otros problemas que los oprimen día a día."[27] Estos datos apuntan a una gran cantidad de la niñez en una situación adversa que amenaza su presente/futuro y la sobrevivencia de toda Latino-américa. Este mismo documento señala la necesidad de una tarea enorme para proteger la niñez de los crecientes

---

[26] Detrás-dentro-delante del texto es una metodología hermenéutica que propone José Severino Croatto, *Hermenéutica Práctica* (Quito, Ecuador: Verbo Divino, 2002), pp. 15-28.

[27] Véase, María Isabel Pavez, *Los Derechos de la Infancia en la Era de la Internet: América Latina y las Nuevas Tecnologías* (Santiago, Chile: UNICEF, 2014), pp. 25-34.

problemas sociales. La siguiente estadística extraída de documentos de la UNICEF nos proporciona una idea general de la situación existente. "Anualmente, seis (6) millones de menores de edad en la América Latina son víctimas de graves abusos, incluyendo el abandono. Alrededor de dos (2) millones de menores de edad son víctimas de la explotación sexual al año."[28] Es alarmante que aproximadamente unos dieciocho millones (12%) de la población de la niñez estén sujetos a esta condición. Este es el niño que colocamos en el medio[29] para una teología de la niñez contextualizada.

Cuando comencé este artículo, le pedí a Carlos Canizález, un compañero ministro y académico, que dirige una institución académica en Guatemala que me escribiera un párrafo sobre la condición de la niñez. A continuación, un extracto de su escrito de dos páginas. "La realidad de miles y miles de niños y niñas en el continente es más que trágica. Por ejemplo, entre el año 2010 y el 2012, a los recién nacidos salvadoreños se les dio en el Seguros Social una medicina que en realidad ponía en grave riesgo su salud. Acabo de leer en un periódico guatemalteco,[30] que se halló el cadáver de un niño en el fondo de un pozo, y se cree que la madre lanzó el cuerpo en el pozo. Dice también el periódico, que en los primeros cinco meses del año 2015, 207 menores han sido muertos por causa de la violencia, "de ellos, 142 han quedado lesionados por armas de fuego –varios por balas perdidas, 4 por arma blanca y machete y el resto por asfixia." Las Maras también están convirtiendo a los niños en sicarios, pagándoles $7.00 por asesinato cometido. Miles de niños y niñas han nacido despojados y en sus primeros doce años de vida también son despojados de su conciencia. Hay grandes potentados del mal en nuestras urbes que se han enriquecido con la sangre de las manos inocentes".[31]

---

[28] Pavez, *Los Derechos de la Infancia*, pp. 12-21.

[29] Mateo 18:2 "Entonces Jesús llamó a un niño, y poniéndolo en medio de ellos…"

[30] Ana Lucía Ola, "La Realidad de Miles y Miles de Niños y Niñas en el Continente", *Prensa Libre*, Guatemala (4 de Junio, 2015). Todas las otras referencias periodísticas pertenecen a la edición del periódico antes mencionado.

[31] Carlos Canizález es un ministro salvadoreño de la Iglesia de Dios, actualmente funge como Presidente del Seminario Bíblico Pentecostal de Centro América en Quetzaltenango, Guatemala.

Una teología pentecostal que incluya la niñez desde América Latina debe ir a la escena de la cruz y colocar un niño para después contextualizar a la niñez hoy, parado al lado de Dios en medio de la iglesia. De repente notamos que el niño está gritando, pero pocos lo oyen, el grito silencioso de la niñez desde Latinoamérica. Hoy, estamos complacidos en nuestra tarea teológica, haciendo teología con un sin número de dogmáticas teológicas heredadas... estamos orientados. Muchas veces son teologías del pasado, trasladadas de otros contextos, impuestas como veraces y absolutas. Si por alguna razón se nos quita al Dios abstracto construido mentalmente, o nuestras teologías domesticadas... nos desorientamos. Sin embargo, es esta misma teología la que nos mantiene desorientados. Si le añadimos un elemento de la cristología pentecostal la conversación se agudiza. Pues la teología pentecostal latinoamericana ha sido simplista en su formulación trinitaria al otorgarle a cada persona de la trinidad su espacio sin un marco de discusión teológica que incluya postulados y propuestas teológicas de la historia de la iglesia, como la "economía de la salvación" de Ireneo[32], la "trinidad económica" de Tertuliano[33] o credos cristológicos del periodo patrístico. Esto ha resultado en una divinización de Jesús pos resurrección como Dios, sin un dialogo teológico del Jesús histórico. Lo cual ha promovido un Señor resucitado como el discurso teológico salvífico pentecostal, al cual es difícil colocarle un niño al lado/medio, pues la humanidad de Dios[34] presente en Jesús no está presente en la reflexión teológica. La implicación teológica es que el Señor resucitado es ahora aquel que bendice desde la eternidad hasta su retorno a buscar la Iglesia. Mientras tanto somos bendecidos, cabe señalar que ya se declara y se decreta esta bendición como potestad autoritativa de la iglesia e individuos con unción especial. Esto conlleva que la experiencia litúrgica, en muchos casos, se

---

[32] Según Ireneo, la 'economía de la salvación' expresa teológicamente que Dios se revela como trino para llevar a cabo la obra salvífica; Padre salva, Hijo el agente-medio salvífico, Espíritu Santo aplica la obra salvífica. Rodrigo Polanco, "La Carne de Cristo como Salus in Compendio", *Teología y Vida* 50.1-2 (2009), pp. 345-73.

[33] Según Tertuliano, esta frase implica las funciones (*opera Dei ad extra*) de las personas de la Trinidad y no sus relaciones internas (*opera Dei ad intra*). Véase, José Campos, "El Lenguaje Filosófico de Tertuliano en el Dogma Trinitario", *Salmanticensis* 15.2 (1968), pp. 317-49.

[34] Véase, Karl Barth, *The Humanity of God* (Atlanta, GA: John Knox Press, 1974), pp. 37-65.

torna junto al Espíritu Santo una mera celebración, sin una cristología como base.

Experiencia Cristología—Pnuematológico, el punto de arranque de la teología pentecostal, como toda teología, es el evento[35] o encuentro[36] con Dios. Esta experiencia debe ser analizada e interpretada, para culminar como fenómeno para que forme parte de lo consciente. El peligro de no pasar por este proceso cognoscitivo es que 'nunca sucedió'. Esa experiencia es determinante para la tarea de teologizar; ella lleva siempre la marca de la iniciativa divina y el contexto humano-histórico en que tiene lugar. Pero para situar la experiencia divina-humana en su contexto salvífico debemos considerar el mayor acto de experiencia humana-divina que la humanidad ha conocido, la 'Cruz'. La interpretación teológica más impactante la desarrolló Martín Lutero en su "teología de la cruz", muchas veces olvidado, ignorado o simplemente desechado en el presente. Lutero postulaba que en la cruz hay solamente sufrimiento y que el amor de Dios está detrás de la cruz. Me recuerda la portada del libro de Gustavo Gutiérrez sobre la Teología de Liberación, donde en la cruz se colocó una imagen de los mayas que escandalizó a la teología clásica. Pero los de América Latina lo entendieron muy bien, ya que el sufrimiento de la cruz lo conocemos en el rostro de nuestra cultura, y por ende nuestros niños.

Según Keith Warrington, la teología pentecostal[37] es una teología de encuentro[38]. Una de las aseveraciones más interesantes de este teólogo es que los pentecostales "valoran encuentros con Dios basados en experiencia porque tienen el potencial para transformar a los creyentes. Ellos creen que si Dios inicia una experiencia, debe ser para transformar positivamente al individuo; falta de una consecuencia crea interrogantes en cuanto a la

---

[35] *Ibid.* Barth postulaba la experiencia con Dios por medio del *kerygma* como un evento.

[36] Emil Brunner postulaba la experiencia—relación con Dios como el encuentro. Véase, Emil Brunner, *The Christian Doctrine of God: Dogmatics* (Vol. I. Eugene, OR: Wipf & Stock Publishers, 2014), pp. 14-21.

[37] Véase, Keith Warrington, *Pentecostal Theology* (London, UK: T&T Clark, 2008). Aunque escribo desde/para el mundo hispano y reconozco que hay material académico teológico pentecostal hispano escrito, utilizo a Warrington por ser una obra reciente y completa.

[38] Warrington, *Pentecostal Theology*, p. 25 "They are much more prepared to believe that God is dynamic, not static; complex, even mystifying, but one who desires to be encountered."

experiencia, o al menos, cuestiona si la persona se ha beneficiado completamente del potencial que la experiencia ha ofrecido."[39] Este fundamento básico explícito en la cristiandad pentecostal, sostenido continuamente en dicha tradición, es la irrupción de Dios en la historia humana. Una presencia divina hecha veraz por el testimonio bíblico que se identifica en la teología como la inmanencia de Dios. O, por deducción lógica su trascendencia, donde Dios se revela como Aquel que viene y permite una experiencia con Él. La trascendencia e inmanencia de Dios están implícitas en la teología pentecostal.

Esta actividad de Dios sugiere que cuando la realidad es diferente a nuestra teología, es necesaria una revisión de esta última. Ya no puede ser una teología que permite proclamar la vida sin tener que comprometerse con ella en toda su radicalidad. La expectativa de la acción de Dios en el contexto de la vida humana es donde está enmarcada Su naturaleza inexplicable y su eterno consejo. Por eso la teología pentecostal está siempre receptiva a la agenda de Dios para su mundo. Ante esta aseveración es importante ampliar nuestra teología del encuentro. El encuentro pentecostal es precedido por un encuentro divino, antes de nuestro encuentro, ya Dios tuvo un encuentro, nos experimentó "en Su encuentro". Es necesario preguntarnos, ¿Encontró Dios al niño en nuestro medio? ¿Agradó a Dios lo que encontró?

La condición de la niñez en Latinoamérica y la teología pentecostal nos ofrece la oportunidad de responsablemente colocar al niño en nuestra formula teológica[40], para que estemos reorientados en la "misión de Dios". Una teología pentecostal con nueva orientación tendrá que revisar muy críticamente todos los postulados tradicionales heredados (en algunos contextos implica una descolonización de la teología) y postulados populares creados. Tendrá que re-estructurarse como una teología contextualizada, encarnada en su realidad histórica y radicalmente comprometida con las necesidades concretas de la vida humana a la luz de la teología desde la niñez. Como un nuevo parámetro teológico, la teología desde la niñez es una 'teología de esperanza' crítica, o sea, una 'teología de la vida' que

---

[39] Warrington, *Pentecostal Theology*, p. 26.

[40] Recordamos la advertencia de Karl Barth, *Evangelical Theology: An Introduction* (Grand Rapids, MI: Eerdmans, 1963), para hacer teología en el presente debemos hacernos responsables de las teologías del pasado.

pone en diálogo el texto de la Escritura, el texto de la realidad y el texto de la actividad de Dios.

Segunda Conversación: Incorporar la espiritualidad pentecostal en una teología desde la niñez de manera funcional

Tensión: Atrevernos a una deconstrucción teológica de la espiritualidad pentecostal.

El término académico para abordar la espiritualidad cristiana es "teología espiritual". Charles André Bernard define teología espiritual como "...una disciplina teológica que, basada en los principios de revelación, estudia la experiencia espiritual cristiana, describe su desarrollo progresivo y da a conocer sus estructuras y sus leyes".[41] Por otro lado Mark A. McIntosh se acerca a la espiritualidad cristiana desde el concepto de "teología mística", "Primero, lo espiritual es la dimensión de la vida que es engendrado y empoderado por Dios; Dios es el agente primario que anima, otorga nueva vida y, entendimiento al creyente. ... Segundo, lo espiritual está conectado con la presencia activa de Dios y no solamente con experiencias extraordinarias internas".[42] Ambas definiciones postulan que la teología y la espiritualidad son recíprocas, y que la teología le recuerda a la espiritualidad que "interpretación es intrínseco a la experiencia".[43]

La Espiritualidad del pentecostalismo es el fundamento constructor de su teología. Es en nuestra espiritualidad que nos mantenemos sensibles a la agenda misional del Espíritu Santo, en donde descansa el que hacer teológico. Espiritualidad pentecostal abarca la finalidad de la existencia humana: la relación con Dios. Una relación personal-comunitaria experimentada, interpretada y expresada desde varias tradiciones en el desarrollo del cristianismo. Esta relación divina-humana se describe en el contexto

---

[41] Véase, Charles André Bernard, *Teología Espiritual*, (Salamanca, España: Ediciones Sígueme, 2007), p. 88.

[42] Véase, Mark A. McIntosh, *Mystical Theology: The Intregity of Spirituality and Theology* (Oxford, UK: Blackwell Publishing, 1998), p. 6

[43] McIntosh, *Mystical Theology*, p. 14.

pentecostal como un proceso progresivo; conversión (sello del Espíritu Santo[44]), santificación (llenura del Espíritu Santo[45]) y bautismo (bautismo del Espíritu Santo[46]).

Es sumamente importante subrayar la certeza de que el punto de partida para la espiritualidad en el contexto pentecostal se halla en la experiencia suscitada por el Espíritu Santo. La dificultad es crear una espiritualidad responsable desde la experiencia subjetiva que incluya la "teología de la niñez". Quizás hemos fallado en que se ha promulgado un pentecostalismo individualista, que al privatizar la experiencia de Dios hemos excluido el aspecto colectivo de su creación. Desde una teología de la niñez es indispensable comprender que es Dios mismo que nos experimenta dentro de la comunidad de la niñez de Latinoamérica y, Él escrudiña lo más profundo e íntimo de nuestro ser para que según sus propósitos salvíficos-escatológicos nos permita desarrollar una teología espiritual de la niñez latinoamericana pentecostal. O sea, antes de nuestra experiencia con Él, Él nos experimentó primero.[47]

Aquí descansa la iniciativa de deconstrucción de la espiritualidad pentecostal, en un evento divino-humano con bagaje de niñez latinoamericano.[48] Les invito hacer el ejercicio de desconstrucción con su reflexión a estas tres expresiones. Cynthia Long Westfall, desde una perspectiva pentecostal señala, "La experiencia del Espíritu Santo es vital como el indicador de la presencia de Dios en el movimiento pentecostal."[49] El teólogo

---

[44] Efesios 1:3-14 es un ejemplo; "...fuisteis sellados con el Espíritu Santo de la promesa..."

[45] Efesios 3:14-21 es un ejemplo, "...el ser fortalecidos con poder en el hombre interior por su Espíritu..."

[46] Romanos 12:1-11 es un ejemplo; "...a cada uno le es dado la manifestación del Espíritu para provecho."

[47] Emocionalmente lo intuyó el autor del Salmo 139, al hablar de la presencia de Dios. El 'gemir del Espíritu' es una expresión de la presencia de Dios experimentándonos, Romanos 8:18-30.

[48] Lucas 9:47 "...pero conociendo Jesús la intención de su corazón, tomó a un niño y lo puso a su lado..."

[49] Véase, Steven M. Studebaker ed., *Defining Issues in Pentecostalism: Classical and Emergent* (Eugene, OR: Pickwick Publications, 2008), p. 128.

pentecostal Frank Macchia también afirma el empoderamiento del Espíritu, "...que el bautismo en el Espíritu es un bautismo al amor de Dios que santifica, renueva y empodera".[50] Además, Leonardo Boff, desde una teología latinoamericana de liberación, postula que "El tema de la habitación del Espíritu Santo expresa la presencia viva y operante de Dios en el mundo y en la existencia".[51] Si tomamos las frases "indicador de la presencia", "que santifica, renueva y empodera" y "presencia viva y operante", notamos que espiritualidad no es una relación divina-humana para salvarse del mundo o salvarse en el mundo. Espiritualidad es una acción intencional y concreta de vivir el evangelio en el mundo para salvar al mundo.

Menciono estas citas-teólogos entre tantos para señalar que existe consenso sobre esta posición y destacar que es un asunto teológico muy poco articulado en el pentecostalismo latino, aunque continuamente experimentado. Es necesario también indicar que los pentecostales no son los únicos que han experimentado/interpretado a Dios y, que Dios ha experimentado.

En conclusión, la formula pentecostal espiritual de, "búsqueda → encuentro → celebración" debe ser reconsiderada. Su deconstrucción sería "encuentro → espiritualidad → transformación → misión", donde en cada etapa ya se haya insertado al niño. Entonces podemos afirmar que la iglesia es el agente misionero de Dios y que el Espíritu Santo empodera la iglesia para su ministerios y misión en todos los contextos. El Espíritu Santo antecedió y antecede la presencia y acción de las iglesias.

Tercera Conversación: ¿Provee la teología desde la niñez a la iglesia en América Latina un nuevo paradigma para la teología pastoral?

Tensión: incorporar nuevos paradigmas a la teología pentecostal desde contextos específicos.

Al reflexionar sobre las dos conversaciones anteriores me vino a la mente una afirmación y una interrogante. Afirmo que la niñez de Latinoamérica

---

[50] Frank Macchia, *Baptized in the Spirit: A Global Pentecostal Theology* (Grand Rapids, MI: Zondervan, 2006), p. 60.

[51] Leonardo Boff, *Gracia y Experiencia Humana* (Madrid, España: Editorial Trotta, 2001), p. 262.

es un grito silencioso de la humanidad más vulnerable de la creación y, ha sido excluida de la reflexión teológica pentecostal en este momento histórico. Esto no quiere decir que no existan proyectos sociales y estudios dirigidos hacia la niñez, sino que no se le ha dado un lugar en el quehacer teológico. A la misma vez me pregunto si la iglesia pentecostal en su teología pastoral está solamente cuidando su salvación o promoviendo la autorrealización y felicidad existencial.[52] Ambas reflexiones, desde una antropología cristiana, giran alrededor de ser o llegar-a-ser

Desde una teología de la creación, la prioridad de ser es una interrogante existencial del tiempo en términos de [χρόνος καὶ καιρός] 'chronos' y 'kairós'.[53] Para una compresión con interés pastoral, quizás compleja, me parece indispensable apropiarnos de la propuesta de Martín Heidegger.[54] En su obra filosófica *Being and Time*, él utiliza el término *'Dasein'*[55] como el fundamento para historiar el ser humano como un "ontos" existencial, o sea, con el potencial para llegar-a-ser[56] según su contexto vivencial. Bajo esta premisa la "cura de las almas"[57] adquiere una pauta innovadora, pues la teología de la niñez introduce el elemento del "Dios de la vida"[58]. Una teología pastoral desarrollada desde una teología de la niñez debe sostener, por un lado, al ser humano como ser-en-esperanza, y por otro lado, el

---

[52] Recomiendo la siguiente lectura que resume históricamente este tema en el contexto de la teología pastoral norteamericana. E. Brooks Holifield, *A History of Pastoral Care in America* (Nashville, TN: Abingdon Press, 1983), pp. 15-28.

[53] *Kairós* es la interpretación del fenómeno divino de intervención en el mundo temporal.

[54] En su obra filosófica Heidegger propone una *'ontos teología'*. Véase, Martin Heidegger, *Being and Time* (New York, NY: Harper & Row, 1962), pp. 24-34.

[55] Heidegger, *Being and Time*, pp. 32-35. *'Dasein'*, es la decisión (sobre interrogantes) de existir al apropiarse o negar las posibilidades, una hermenéutica existencial de llegar-a-ser en el tiempo.

[56] Recomiendo la obra de Tillich para asimilar el concepto. Véase, Paul Tillich, *The Courage to Be* (New Haven, CT: Yale University Press, 1952), especialmente los capítulos 4, 5, 6.

[57] Término que describe la tarea pastoral desde su inicio al presente. Véase, por ejemplo, Roberto Di Stefano, "Pastores de Rústicos Rebaños, Cura de almas y mundo rural en la cultura ilustrada rioplatense", *Boletín del Instituto Ravignani* 22 (2000), pp. 7-32.

[58] Véase, Gustavo Gutiérrez, *El Dios de la Vida* (Salamanca, España: Ediciones Sígueme, 1994).

principio teológico de un Dios inmanente activo en la historia humana; un Dios existencial con un niño en su entorno que acompaña la humanidad y la iglesia simultáneamente.

Es importante señalar que el modelo de teología pastoral que me parece más apropiado para incorporar la pauta de la niñez es el modelo europeo discutido por Casiano Floristan,[59] por ser eclesial, a diferencia de la norteamericana que es clínica. Aunque creo indispensable incluir elementos de la teología pastoral norteamericana, específicamente el concepto "documento humano viviente" de Anton Boisen y la imagen del "jardinero" propuesto por Margaret Zipse Kornfeld.[60]

Según Casiano, la teología pastoral es un cuidado pastoral con énfasis en "nutrir, sostener, consolar y guiar". ¿No son estas cuatro prioridades un retrato de la necesidad ausente en la niñez latinoamericana? Desde una metodología inductiva, Floristan propone una 'revisión de vida'[61] Señala Floristan, "Sus componentes se reúnen para revisar sus vidas a partir de unos hechos, contemplándolos a la luz del proyecto de Dios sobre el mundo. El grupo ayuda a ver la realidad en profundidad, a dejarse sensibilizar por esa misma realidad, a descubrir la presencia y la acción de Dios y a actuar desde esa misma realidad."[62] Esta realidad pone al descubierto la teología de la niñez para añadir el componente de Boisen[63], el 'documento humano viviente'. Según Boisen, en esta analogía, la persona humana es un documento para ser leído e interpretado como un texto histórico.[64] Su implicación es otorgarle a cada persona su identidad e historia como fundamento del cuidado pastoral, protegiendo su dignidad de ser para potenciar su llegar-a-ser. Teniendo las prioridades, la

---

[59] Véase, Casiano Floristan, *Teología Práctica* (Salamanca, España: Ediciones Sígueme, 2002), pp. 32-44.

[60] Véase, Margaret Zipse Kornfeld, *Cultivating Wholeness: A Guide to Care and Counseling in Faith Communities* (New York, NY: Continuum, 1998), pp. 10-4.

[61] Floristan, *Teología Práctica,* pp. 194-210.

[62] Floristan, *Teología Práctica,* p. 383.

[63] Anton Boisen, *The Exploration of the Inner World* (New York, NY: Harper & Row, 1966), p. 11.

[64] Charles V. Gerken, *The Living Human Document* (Nashville, TN: Abingdon Press, 1984), p. 38.

metodología y al sujeto de la teología pastoral, solo falta una imagen funcional. De todas las imágenes[65] provistas en cuidado pastoral seleccioné la del jardinero. Para Zipse, el jardinero debe atender tanto el suelo como cultivar las plantas que crecen en el suelo. "El jardinero no hace que las plantas crezcan, lo hace Dios."[66] Sin embargo, el jardinero debe atender a la tierra y sus necesidades, como lo son el agua, nutrientes, plagas, etc. Pues toda semilla sembrada y cuidada dará fruto, si la teología de la niñez le ofrece información al jardinero.

La herencia pentecostal de teología pastoral ha sido, en la mayoría de los casos, uno con enfoque clínico. Es notable que en nuestros seminarios, donde se preparan formalmente la pastoral, se ofrezcan distintos cursos en consejería para atender los dilemas existenciales. Estoy de acuerdo que en muchos casos son de beneficio. Pero una cosmovisión de América Latina con el niño en nuestro medio,[67] nos concientiza sobre la necesidad de una teología pastoral más comunitaria y contextual. Insertar una teología desde la niñez como 'tierra del jardinero', como 'pauta para leer e interpretar el documento humano viviente' y, como 'guía para la revisión de vida', ofrece nuevas posibilidades a la teología pastoral pentecostal.

Por último, el dilema o desafío más amenazante de la teología desde la niñez para la teología pastoral en su función práctica, es la 'crisis de la historia'; el enfrentamiento de la humanidad a un cambio estructural en las formas que tiene de vivir y percibir la temporalidad. La historia experimenta crisis específicamente en la profunda desconfianza en la religión, un sentimiento pesimista "anti utópico" y "anti escatológico". Aumenta la conciencia histórica, equivalente al argumento de la teodicea, donde Dios es un mito y la única realidad es la exclusividad de lo humano a sus componentes histórico-culturales. La contraposición del cristianismo es que la historia es el horizonte más completivo como fuente de la teología cristiana. Es aquí donde se desorienta en una orientación engañosa o se reorienta hacia nuevas posibilidades. Todas las cuestiones y respuestas

---

[65] Margaret Zipse Kornfeld, "The Gardener", in Robert C. Dystra (ed.), *Images of Pastoral Care* (Saint Louis, MO: Chalice Press, 2005), p. 209-17.

[66] Kornfeld, "The Gardener", p. 209.

[67] Marcos 9:36 "Entonces tomó a un niño y poniéndolo en medio de ellos, lo tomó en sus brazos…"

teológicas solo tienen sentido en el interior del marco de la historia que mantiene Dios con la humanidad y, a través de ella, con toda la creación.

Conclusión

Lo que estoy recomendando es que este es el momento de problematizar nuestra teología, nuestra espiritualidad y nuestra teología pastoral con una "teología desde la niñez en/para América Latina". Esto nos capacitara para poder desvisibilizar la realidad y así sensibilizarnos para confrontar los problemas, la contradicción, el conflicto y la tensión vigente en América Latina.

Un pentecostalismo con enfoque en una teología de la niñez, debe sostener en su discurso teológico (dogmático y doctrinal) un Dios existencial y debe afirmar una teología y espiritualidad centralizada en la relación con Dios, en la fe, y en el llegar-a-ser. La tradición teológica, que tuvo su origen en una teología de trascendencia divina enfocada en la misión, hoy es confrontada con un cambio hacia una inmanencia divina enfocada en la iglesia/mundo con la humanidad como una de sus prioridades, donde la niñez es el mejor representante. El nuevo pensamiento enfatiza la inmanencia de Dios, la presencia de Dios en el mundo manifestando su poder redentor en los procesos históricos. Este énfasis resiste al antiguo pensamiento que enfatizaba la trascendencia divina, enfocado en la separación de Dios con el mundo y con la vida humana, pero que llamaba al ser humano a una relación que fuera conforme a una realidad espiritual a la cual este no podría acceder si no Dios no se hubiera vuelto alcanzable a través de la persona de Jesucristo. Este asunto teológico debe ser considerado seriamente por su impacto en la teología pentecostal al incluir la pauta de la teología de la niñez en su misión. Por un lado la trascendencia comprende a Dios como el 'totalmente otro' que viene a 'salvar' y la inmanencia entiende a Dios como la 'presencia' que obra 'auto-realización' en el ser humano y 'justicia' en su creación.

Finalizo con una experiencia personal que me inició en mi reflexión teológica hacia la niñez, sin saberlo. Recuerdo unos veinte años atrás cuando una niña irrumpió en mi contexto inmediato. Esta niña de ocho años invadió mi espacio teológico al cuestionar la acción de la iglesia. De manera inocente y con una prudencia ejemplar me confrontó desde su teología. Me dijo, "Ramón, ¿por qué cuando se va a oficiar la santa cena, a los niños nos sacan del templo a una actividad en los salones? Pero siempre están diciendo que somos los hijos de Dios, y les oigo decir que nosotros, todos los niños, somos salvos." Esta experiencia invalidó mi teología, me obligó a ser ajustes y cambios en ella.

Hoy, mi teología es una "ventana de teologías", que recientemente incluye la teología de la niñez. En primer lugar, "ventanas" son las narrativas bíblicas y la irrupción de Dios recopilada a través de la historia, con su acción y la reacción humana. En segundo lugar, "ventanas teológicas" alude a las metodologías y aproximaciones que actualmente se utilizan en el quehacer teológico. En tercer lugar, "ventanas" se refiere al bagaje teológico particular que tiene aquel que asume una tarea teológica, la cual determina en gran medida el resultado teológico. Es como si estuviéramos dentro de una casa con muchas ventanas. Mirar por una sola ventana es estar desorientados, aunque afirmamos una orientación. Si comenzamos a mirar a través de las ventanas podemos descubrir el contexto de afuera y lo que está sucediendo. Las escenas que se nos presenta producen unos matices distintos, conforme a la metodología y bagaje del que esté mirando. Cada ventana nos permite hacer teología que no habíamos percibido cuando mirábamos por otra ventana. O quizás vemos la misma escena, pero lo hacemos desde una nueva perspectiva. En conclusión, cada ventana se complementa unas con otras y nos reorienta.

Por mucho tiempo hemos marginado a la niñez a la periferia como espectador de la acción de Dios, mientras nosotros experimentamos e interpretamos. Sin embargo, en nuestro contexto, Dios ha colocado a un niño latinoamericano a Su lado, para que se torne en una reorientación teológica. Reafirmando lo expresado por Warrington, "Los pentecostales aceptan la naturaleza inexplicable de Dios y reconocen su supremacía en determinar posibilidades e iniciar actividad sobrenatural en las imposibilidades"[68], podemos manifestar que Dios nos ha sorprendido en este caminar para ser "teólogos del camino"[69] en Latinoamérica. Según Juan Stam, "La teología evangélica latinoamericana está en una encrucijada. Estamos frente al ineludible deber de escrudiñar las Escrituras para asegurar que todas nuestras fórmulas sean realmente bíblicas y no solo tradicionales, que nuestra fe sea realmente una fe evangélica y no solamente un rígido escolasticismo protestante. Tenemos que escuchar y evaluar las nuevas ideas, con una mente suficientemente humilde para aprender de ellas todo

---

[68] Warrington, *Pentecostal Theology,* p. 29.

[69] Véase, Juan Stam, *Haciendo Teología en América Latina: Juan Stam un Teólogo del Camino* (San José, Costa Rica: Editorial SEBILA, 2006), p. 126.

lo que puede estar conforme a la Palabra de Dios y suficientemente crítica para discernir todo lo que niega al evangelio y las Escrituras. Y sobre todo, tenemos que escuchar como nunca antes a la Biblia con humildad (sin los *a priori* anti-bíblicos del sabelotodo teológico), con fidelidad a la verdad, con devoción a Cristo y con el valor de permitir y esperar que las Escrituras nos hablen a nosotros en vez de imponer forzadamente nuestros prejuicios encima de las Escrituras."[70]

Nos ayudaría en esta tarea teológica, teniendo la mirada fija en la niñez, recordar que todo el discurso teológico de la acción de Dios es preámbulo a lo que Dios hará. Les invito a mantener un paradigma teológico que pueda discernir la acción y mover de Dios, para que cuando Dios se mueva nosotros nos movamos.

---

[70] Stam, *Haciendo Teología en América Latina*, p. 22

Reseñas de libros

Wilmer Estrada-Carrasquillo. *Hacia Una Eclesiología Hispana Latina: Una Respuesta al Reto de la McDonaldización* (Cleveland, TN: CEL Publicaciones, 2018). 103 páginas, libro en rústica.

Quise leer este libro porque me cautivó la propuesta del autor. Estrada comienza relatando su testimonio junto a su familia en el proceso de vivir cotidianamente en la cultura estadounidense. En este transcurso descubre el rechazo racista y clasista proveniente de los ciudadanos estadounidenses hacia ellos, situación que el autor ve de manera más completa cuando conoce y se relaciona con inmigrantes latinos indocumentados. Su comparación fue que siendo él y su familia ciudadanos norteamericanos debido a su origen puertorriqueño eran discriminados; cuánto más lo eran los otros latinos, especialmente los indocumentados. La cultura dominante le plantea una crisis de identidad: ¿quiénes eran él y su familia en esta nueva cultura? Esta realidad lo lleva a establecer la hipótesis acerca de ¿qué tipo de iglesia pentecostal se necesita plantar para conducir y custodiar al inmigrante latino?

El tema central del libro es la "mcdonaldización," término que se genera a partir del pragmatismo de la sociedad estadounidense que está ligado a la industria de comida rápida y que según cita el autor: "es la culminación de una serie de procesos de racionalización que se han manifestado a través de todo el siglo veinte" (49). La filosofía de este método es satisfacer el hambre de un individuo en el menor tiempo posible, y según el autor esta filosofía no obedece solo al ámbito empresarial; sino el de toda la cultura estadounidense.

Haciendo una comparación con la industria alimentaria de comida rápida, Estrada observa que en la praxis de la iglesia existe la influencia de la mcdonaldización. Esta consiste en que las iglesias ofrecen sacar al individuo de sus crisis existenciales en el menor tiempo posible y llevarlo a un estado de plena satisfacción. Según Estrada esto se debe porque para estas iglesias lo predominante son los números, las cantidades de personas y de dinero que administren, no la calidad del desarrollo y crecimiento integral de los creyentes y de sus comunidades. El autor propone respuestas al proceso de mcdonaldización de las iglesias mediante la comprensión de la imagen de Dios que está relacionada con la dignidad de cada ser humano, la trinidad que se relaciona con la vida comunitaria y la eucaristía que representa la esperanza presente y futura del cristiano.

Estrada propone desarrollar una eclesiología pentecostal hispana-latina mencionando que Dios creó al ser humano para que viva en comunidad, amándose y respetándose mutuamente, y algo que es muy importante: las personas se desarrollan y crecen integralmente solo cuando están en comunidad. En este caso para los inmigrantes que viven en los Estados Unidos sin sus familias, las comunidades de fe son y representan la familia extendida de cada uno de ellos.

El énfasis entonces es plantar y desarrollar en los Estados Unidos comunidades de fe para los latinos de primera, segunda y/o tercera generación que respeten la individualidad, pero, que en su expresión de vida se asemejen al modelo nuevo testamentario descrito en 1 Corintios 12; la Iglesia es el Cuerpo de Cristo donde deben darse principios tales como: ubicación, función, multiplicidad e interdependencia; entre otros. Este estilo de vida eclesial formará una nueva comunidad terapéutica para los inmigrantes latinos y reflejará entonces la imagen de Dios, de la trinidad y de la eucaristía.

Conozco la vida de un inmigrante. Fui inmigrante en Argentina junto a mis padres y hermanos a mediados de los años setenta. El viaje se produjo luego que un obispo administrativo invitó a mi padre a continuar su ministerio pastoral en alguna ciudad de esa República. El viaje no resultó y luego de algunos meses tuvimos que regresar nuevamente a nuestro país. Esos meses fueron bastante difíciles, vivíamos con el dinero procedente de los enseres de casa que mis padres habían vendido, se agravó la situación porque esos meses no tuvimos iglesia donde congregarnos y además tuvimos que soportar el desprecio de algunos ciudadanos argentinos, ya que existe una rivalidad entre ambos países. Luego, en el año 1984 junto a mi esposa e hijo fuimos enviados a la ciudad de Córdoba, República Argentina a pastorear nuestra primera iglesia. En esos años tuve que trabajar secularmente para sostener la familia; fueron dos hermosos pero costosos años. Finalmente fui inmigrante durante un año en Ecuador mientras sacaba mi maestría. De esta experiencia no tengo malos recuerdos, los ecuatorianos son bellas personas. Luego he sido inmigrante dentro de mi país: cuatro años en la Cuarta Región del Norte Central y hoy llevamos cuatro años en la Región del litoral central del país, Valparaíso.

He tenido la oportunidad de viajar reiteradas veces a los Estados Unidos. Por gracia de Dios he conocido varios Estados del gran país del norte y he conocido distintas iglesias hispanas; incluso he predicado en algunas de ellas. He llegado a la conclusión que lo que hemos aprendido en este módulo es cierto y creo que expresa una triste realidad para algunos inmigrantes latinos, principalmente los indocumentados. Esta es una realidad desconocida por gran parte de la hermandad latina de América del Sur.

Estoy de acuerdo con lo sostenido por el Dr. Wilmer Estrada, especialmente con la necesidad de que existan comunidades de fe que reciban, acompañen, sanen y cuiden de los inmigrantes latinos en los Estados Unidos. Plenamente de acuerdo con el concepto macdonaldización, que refleja un sistema de vida perverso imperante en muchas naciones del mundo.

Lo que me parece extraño es como nuestras instituciones religiosas han sido permeadas por este espíritu. Recuerdo los años en que la institución era una facilitadora de los procesos de desarrollo y crecimiento en nuestra cultura. Fueron los mejores años para mi país, Chile. Nunca hemos vuelto a crecer tan integralmente como en esos años. Hoy en cambio, la realidad es diametralmente opuesta, se ha producido un estancamiento, pese a que contamos con nuevos recursos que han facilitado y mejorado algunos aspectos eclesiológicos; sin embargo, el desarrollo y crecimiento de la iglesia en el país ha sido muy lento.

Entiendo perfectamente la Gran Comisión y sus implicancias en el quehacer de la iglesia; creo que la evangelización nacional, regional y mundial es urgente, prioritaria y merece nuestro mejor esfuerzo. Con lo que no estoy de acuerdo es con los medios que se han incorporado en la institución para realizar los fines; vale decir la implementación de la visión latinoamericana. La principal disconformidad es la orientación de esta hacia las metas y objetivos propuestos.

Un ejemplo de esto son las metas de crecimiento en plantación de nuevas iglesias. En ciertas organizaciones los supervisores y sus líderes son sobrepasados por esta exigencia, de tal modo que sus informes son exagerados. La institución exige a los administradores y estos exigen a sus pastores crecimiento cuantitativo en todas las áreas eclesiológicas y plantar iglesias "exprés," comunidades que finalmente son inexistentes. Esta filosofía de ministerio lleva a los pastores a buscar métodos de crecimiento rápido, a elaborar una proclamación en que las personas vengan y lleven todo tipo de bienestar. Esto hace a su vez que las personas que se acercan a nuestras comunidades lo hagan con interés de ayuda. Otros, los que se congregan, quieren a un dios siervo que solucione todos sus problemas con un chasquido de sus dedos; lo que buscan es un evangelio liviano y fácil. Es la cultura de lo instantáneo.

En cuanto al libro, sí, lo recomendaría. Su contenido es muy apropiado para ser leído y reflexionado en los círculos ministeriales latinoamericanos, especialmente por el termino mcdonaldización, pese a que el tema central está fuera de nuestro contexto. La razón es que este término describe una realidad social muy parecida en mi contexto de Chile.

Si hay algo que pueda criticar fue que me costó entender acerca de la teología sacramental o eucaristía y la aplicación de esta para contrarrestar el proceso de la mcdonaldización. Otra crítica constructiva al libro está relacionada con el estudio o investigación in situ. Creo que faltó investigación de alguna comunidad de fe en particular, o tal vez añadir otros antecedentes y testimonios; no solo describir el problema. Digo esto recordando mi visita a un par de iglesias en Florida, visité unas comunidades que tenía miembros de casi todos los países de Latinoamérica, personas con y sin documentos, por lo que pude conversar con el pastor local, existía una preocupación integral hacia estas personas y familias; allí existían fuertes lazos comunitarios. A pesar de estas observaciones, esta fue muy buena lectura.

Osvaldo Gómez
Valparaíso, Chile

Raúl Zaldívar, Miguel Alvarez y David E. Ramírez. *El Rostro Hispano de Jesús* **(Barcelona: Editorial CLIE, 2014). 238 páginas.**

En este libro, los autores dan un aporte teórico para tener una perspectiva de los inmigrantes latinoamericanos en Estados Unidos desde sus observaciones hechas como latinos viviendo en ese país. El libro está organizado en tres grandes secciones. En la primera sección, Raúl Zaldívar (catedrático de Teología Sistemática), desarrolla el tema *El rostro de un pueblo sufrido*. Como se indica en la introducción del libro, esta sección "presenta una descripción y análisis antropológico que ayuda a la formación de un criterio histórico que ayuda a entender la realidad humana de la comunidad hispana inmigrante." (Pág. vi).

La idea que se busca en la primera sección es:

> …presentar a un Dios que conoce nuestra historia; que conoce la forma como hemos sido explotados y humillados en nuestros propios países de origen por las transnacionales norteamericanas; un Dios que entiende nuestra legítima aspiración de vivir una vida más digna y que nuestros hijos tengan mejores oportunidades para que desarrollen todo su potencial y puedan ser hombres y mujeres de bien. (Pág. 3)

Desde este objetivo, Zaldívar hace una descripción del rostro hispano de los mexicanos, puertorriqueños, cubanos y otros latinoamericanos (los que pertenecen a casi 20 países más al Sur). Zaldívar presenta una descripción histórica de cómo se han formado los rostros hispanos en los Estados Unidos. También hace una crítica de cómo los estadounidenses han discriminado a los inmigrantes y expoliado los territorios de los países latinoamericanos y del Caribe.

La segunda parte de la primera sección, Raúl Zaldívar organiza sus ideas en dos grandes temas: la realidad histórica de un pueblo sufrido y la realidad jurídica de este pueblo. En el primer tema, se aborda la crueldad del colonialismo norteamericano y cómo este ha desencadenado el problema de las migraciones. Zaldívar describe cómo las transnacionales llegaron a Latinoamérica a expoliar las riquezas y explotar a las personas; él indica que "el principio de este colonialismo fue salvaje y feroz al extremo que los trabajadores no tenían siquiera el derecho a la huelga… y tenían que sufrir en silencio el despótico trato de los *místers* que les exprimían hasta la última gota." (Pág. 19) Todo esto sucedió con el apoyo de la burguesía local y los gobernantes de turno.

Ahora bien, estas invasiones a los pueblos latinoamericanos han provocado las migraciones; por lo tanto, Raúl Zaldívar analiza las leyes de inmigración proponiendo un balance entre legalidad y justicia. Él explica que si "la legalidad alcanza la justicia, estamos en lo correcto, empero cuando la ley y la justicia discrepan, entonces es el momento de aplicar la equidad que usualmente alcanza la justicia. Para lograrlo hay que ver cada caso en forma individual y tomar en cuenta cada una de sus circunstancias." (Pág. 28)

Terminará Zaldívar haciendo un análisis esperanzador para los inmigrantes. Desde la perspectiva teológica, se hace énfasis en los contrastes de la Ley de Cristo y la ley estadounidense. Cristo no discrimina a nadie, aunque las leyes terrenales lo permitan. Cristo desea liberar a un pueblo de todo el daño que les ha provocado los sistemas de maldad y de pecado interior. Por lo tanto, Zaldívar propone una ética que debe ser practicada por el pueblo inmigrante; una ética basada en la Biblia como norma de la moralidad. Para ello se propone la ética situacional, o sea, una forma de valorar las acciones que se oponen a las leyes terrenales porque están motivadas por una ley mayor: la del amor.

Con esta ética o nueva moralidad, la iglesia hispana en Estados Unidos podrá hacer frente a sus problemáticas morales; la motivará a cumplir una función social, por medio del anuncio y denuncia de los males sociales. Proponiendo que la comunidad de fe sea ese lugar de refugio para los sufrientes, víctimas del sistema social.

En la segunda sección del libro, Miguel Álvarez desarrolla el tema principal, *Hacia una hermenéutica esperanzadora, un modelo contextual innovador*. Siendo la comunidad latina en Estados Unidos tan variada; con su "multitud de colores, razas, culturas y tradiciones que dan lugar una diversidad inmensurable en el pensamiento de la comunidad latina." (Pág. 89) Esta realidad debe impulsar "la formación de una hermenéutica que sea hispana y que se fundamente sobre la base de un proceso de diálogo y reflexión objetivos, a la luz de la Palabra de Dios." (Pág. 90) Así se tendrá claro en qué consiste el desarrollo de la interpretación de la fe cristiana en la comunidad hispana.

Esta sección gira alrededor de algunos elementos que afectan la interpretación de la Escritura por parte de los hispanos. Primero, el encuentro de las diversas corrientes teológicas latinas. Aquí se establece el marco de diálogo teológico amplio, donde las diferentes corrientes de pensamiento teológico hispano dan paso a dicho diálogo. Así que es importante analizar quiénes han sido los promotores del pensamiento teológico hispano, personajes como Orlando Costas, Samuel Escobar y Justo González; quienes han construido los énfasis hispanos de la misión global, el discipulado y las misiones en general.

Segundo, Álvarez describe el marco contextual que posibilita una hermenéutica hispana. Se analizan los factores que han dado origen al pensamiento de los hispanos, tales como la diversidad cultural, la cual ha permitido "entender la obra y la misión de Dios en el contexto hispano de los Estado Unidos." (Pág. 103)

Sigue, como tercero, la propuesta de un método de interpretación hispano. Aunque ya se ha advertido que no podemos hablar de una teología hispana, si podemos asociar las prácticas hispanas con el método reformado, que coloca la autoridad de La Escritura como un valor innegociable.

Cuarto, Álvarez presenta la respuesta de los hispanos a los desafíos de los sistemas actuales; señala un método de interpretación integrativo, que presenta un universo amplio, inclusivo y completo en su dinámica de acercar al intérprete hacia un significado integral de la Escritura. Este método asocia la fe y la experiencia del exegeta, por medio de la Palabra, la iluminación del Espíritu Santo, el testimonio de la historia de la iglesia y sus tradiciones, así como la autoridad espiritual de la comunidad de fe.

Para terminar, se presenta en el libro la sección III, con el tema *El compromiso de un futuro mejor, una perspectiva pastoral de alto impacto misional*. Esta sección es desarrollada por David Ramírez; quien exhorta a los líderes a "entender el contexto en el que sirve... y... aprovechar las oportunidades que les presenta su época." (Pág. 175) Según Ramírez, existe "una necesidad real en la iglesia hispana de reconocer y facilitar el desarrollo de líderes que tengan esa capacidad, dada por Dios, para guiar a un pueblo que no tiene camino ni sendero por recorrer." (Pág. 176) Mencionando la necesidad pastoral de ser exegetas de la Escritura y de la cultura.

La primera parte de esta sección aborda el tema "El inmigrante y extranjero como instrumento de misión." Ramírez hace una comparación de la situación difícil que atravesó Nohemí y Rut, siendo extranjeras; y, cómo Dios usó sus vidas como instrumentos de misión. Dando así sentido a la situación de sufrimiento.

Una familia que no cuenta con un destino porque su presente es oscuro, no puede ver el horizonte, solo siente y entiende su presente angustiante. Personas que al parecer nacieron solo para sufrir y llorar sus historias feas, de nunca acabar, sin vislumbrar señal de esperanza alguna… (Pág. 178)

En la segunda parte de esta sección, Ramírez expone el tema "Los desafíos de la iglesia hispana en el Siglo XXI." Donde detalla la complejidad del mundo hispano que crece en número y economía, pero es menor en el aspecto social y político. Lo que lleva el pensamiento a realizar un ministerio encarnacional que sea poderoso y apostólico, que renueve las estructuras del sistema para que tenga condiciones más humanizantes.

Al final, Ramírez propone una renovación del liderazgo (mejorar todas sus inteligencias) y la vida cúltica de la iglesia, la cual debe ofrecer un ministerio más pertinente a su realidad contextual.

Este libro es muy interesante pues presenta muchas ideas que permiten comprender el pensamiento de los latinos en cuanto a su fe, en un contexto estadounidense. Creo que también es útil para describir algunas raíces que dan sentido a la vivencia de la fe en el contexto latinoamericano. Me gustó la idea de Ramírez, al darle sentido a las migraciones como estrategia de misión; siempre y cuando se entiendan así. Esas son tres razones por las que recomiendo este libro.

El libro está escrito en el marco de hispanos que viven en Estados Unidos; así que no agota el fenómeno cristiano en Latinoamérica. *El rostro hispano de Jesús* no está completo si no se describe a profundidad los rasgos de los amerindios, mulatos y mestizos en general que luchan todos los días en zonas de muerte y pobreza en tierras latinoamericanas (no es lo mismo ser discriminado como inmigrante, que ser destruido en tu propio país).

Se necesita del rostro lleno de esperanza de aquellos que en sus propias casas son abusados y expoliados; y que aun así en sus rostros está la certeza que existe una tierra prometida (escatológica) de la cual nadie les privará si son fieles a Cristo. Y esta fe no es una falacia del escapismo religioso, sino más bien una certeza profética que asegura un futuro glorioso iniciando en la transformación del presente, aquí y ahora mismo. El rostro hispano es el de hombres y mujeres sostenidos solo en su intimidad con el Cristo Resucitado que les dice "quiero que en mí tengan paz. Mientras estén en el [Tercer] mundo van a tener aflicción; pero confíen, yo vencí los sistemas de opresión y maldad de este mundo." (Juan 16:33)

Este libro me deja un aprendizaje muy significativo respecto a por qué hay muchos corazones sensibles al mover de Dios en América Latina: Dios se ha convertido en nuestra única esperanza. El cristiano latino canta con alegre confianza: "y si vivimos, para Él vivimos... Y si morimos, para Él morimos... Sea que vivamos, o que muramos... Somos del Señor, somos del Señor." Psicológicamente, le llamamos resiliencia; pero teológicamente, sabemos que es la presencia de Dios que nos hace vivir un día a la vez.

Luis Fernando Zabaleta
Director Nacional de Generaciones Emergentes Guatemala

Wilfredo Estrada Adorno. *El Fuego Está Encendido: Infancia del Pentecostalismo Puertorriqueño y Su Impacto en la Sociedad.* **Serie 100 Años Después. Segundo Volumen. Cleveland, Tennessee: Centro de Estudios Latinos, 2016. 252 páginas, libro en rústica.**

Este libro es el segundo volumen de tres escritos que componen la Serie 100 Años Después en conmemoración del centenario de la llegada de pentecostés a Puerto Rico. *El Fuego Está Encendido* toma la historia donde la dejó *100 Años Después*, con la llegada de Juan L. Lugo a Puerto Rico en el 1916. La idea central del libro es describir la expansión histórica del movimiento pentecostal en la Isla y examinar su crecimiento durante el periodo de su infancia, según lo denomina el autor para referirse a la etapa inicial de fundación, tomando en consideración el contexto histórico, social, económico y político de la época.

Para ello, el doctor Wilfredo Estrada Adorno se vale de una exhaustiva investigación de documentos históricos, una gran cantidad de narrativas y testimonios de la época que podemos leer de primera mano. Esto provoca que el lector se transporte al Puerto Rico del 1916 al 1922. El título nos recuerda de inmediato el corito pentecostal cuya letra se incorpora en la página de dedicatoria. Conjuntamente, el título implica la analogía de que la llama del fuego pentecostal, en clara alusión a la experiencia del Hechos 2:4, está encendida o ardiente. En otras palabras, el movimiento pentecostal puertorriqueño está activo. Respecto al término, "infancia," tengo mis reservas con su uso. Me parece que de primera intención hay quien pudiera pensar en el aspecto de la inmadurez, irresponsabilidad, etc. Sin embargo, cuando se termina de leer la obra, uno se percata que según las acciones tomadas por los misioneros locales es todo lo contrario. Se percibe que hay mucha madurez y sentido de responsabilidad por parte de los actores principales a pesar de su corta edad porque a fin de cuentas estaban siendo guiados por el Espíritu Santo de Dios.

Cada capítulo adelanta en su título el tema a discutir. El primer capítulo describe la situación política en la Isla durante los primeros dieciséis años de los gobiernos militares y civiles bajo el dominio de los Estados Unidos luego de la guerra hispanoamericana contra España en 1898. El resultado fue que Puerto Rico pasó a ser colonia de Estados Unidos Rico como botín de guerra. El segundo capítulo examina el escenario económico y social de Puerto Rico. Allí se retrata la depresión económica, social, moral y física que prevalecía tanto como los factores que crearon la desesperanza y desasosiego en el pueblo, incluyendo fenómenos naturales que ocurrieron durante ese período. En el tercer capítulo, se explora la situación religiosa durante los primeros veinte años de la invasión estadounidense en Puerto Rico, la relación entre la Iglesia Católica y el gobierno a raíz del Concordato que hubo por espacio de 400 años y el inicio del movimiento protestante. La cuarta unidad retrata las raíces del pentecostalismo que llegó a Puerto Rico y sus principales gestores, específicamente el testimonio de Juan León Lugo Caraballo y cómo se entrelaza con el avivamiento de la calle Azusa en Los Ángeles, California. Ya en el quinto capítulo se destaca la vida del grupo de misioneros y misioneras locales tanto como los estadounidenses que impulsaron el inicio y desarrollo del movimiento pentecostal en Borinquen. A su vez, se examinan sus estrategias y contenido del mensaje. En la sexta sección se explora la obra evangelística en los tres centros de poder establecidos en la Isla: Ponce (Sur-Oeste), Arecibo (Norte-Central) y Santurce (Capital y Este). En la séptima parte se continúa relatando el desarrollo de la misión pentecostal, los sucesos acaecidos en las primeras Convenciones de la misión pentecostal en PR y la intromisión anglosajona del Concilio General de las Asambleas de Dios. El octavo capítulo contiene un valioso análisis de la teología pentecostal vivencial en Puerto Rico del periodo de 1916 al 1922, ya que analiza los documentos humanos vivos al examinar la experiencia pentecostal de los misioneros y los primeros conversos. Estas experiencias son compartidas en relatos, testimonios, cánticos, oraciones, sueños, visiones, danzas espirituales y éctasis. En la novena unidad se describe el proceso de incorporación de la misión pentecostal en el Departamento de Estado de PR, las complicaciones, las diferencias y la división resultante. En el último capítulo, denominado posdata, se resume la labor del Espíritu Santo realizada a través del grupo de jóvenes misioneros y su impacto en el pueblo de Puerto Rico. Además, se sientan las bases para procurar leer el tercer volumen de la serie.

Hay varios temas que me gustaría resaltar del libro. Sin embargo, el poco espacio que me resta solo me permite destacar algunos de ellos. En primer lugar, deseo acentuar el aspecto positivo de la migración para realizar la misión de Dios. El pentecostalismo llega a Puerto Rico gracias a boricuas que emigraron a Estados Unidos y luego Hawái. Allá recibieron la experiencia del Espíritu Santo y luego retornaron a su país de origen para compartir el poder de Dios. Por otro lado, queda constatada la importancia de la palabra escrita. La redacción de testimonios y su inmediata publicación en revistas de la época a través del establecimiento de una imprenta permitió que toda esta historia perdurara. Hoy día, ese esfuerzo nos permite evitar los errores del pasado y nos estimula a continuar el legado de hombres y mujeres paladines de la fe. Simultáneamente, valoro la amplia presencia de féminas que fueron gestoras del movimiento pentecostal en Puerto Rico. Siempre se ha resaltado la figura de Juan L. Lugo, así que resultó sorprendente conocer la historia de Lena Smith Howe y su liderato indiscutible en el área de la capital de la Isla reconocido tanto por los locales como los anglosajones. Definitivamente, sus aportaciones son tema para discutir en futuros escritos.

Puedo concluir diciendo que, esta obra acierta al indicar que el mensaje de la misión pentecostal en la Isla le proveyó al campesinado puertorriqueño una plataforma de esperanza que no había encontrado hasta ese momento, ni en el gobierno (el español y el estadounidense), ni en la Iglesia Católica, ni en la misión protestante. El mensaje fue transmitido en su lenguaje sencillo, su cultura agraria, su música e instrumentación; respaldado por vidas fieles al llamado, señales y prodigios espirituales. Los jíbaros y jíbaras se convencieron de que otra realidad era posible y comenzaron a soñarla y a imaginársela. Este mensaje cambió comunidades enteras, logrando así un proyecto liberador de justicia social. Por lo tanto, recae en la generación actual y la emergente la responsabilidad de dar continuidad a ese legado ante un Puerto Rico que, aunque ha experimentado tantos adelantos tecnológicos, continúa inmerso en una decadencia económica, social, y moral que provoca desesperanza y desasosiego en el pueblo. Hace falta reavivar el fuego que aún está encendido.

Carmen Ayala
Decana Académica, Universidad Teológica del Caribe

Contribuyentes a este volumen

Darío López Rodríguez, (PhD, Oxford Centre for Mission Studies) es pastor de la Iglesia de Dios en Perú, profesor de teología y misión en diferentes centros teológicos de América Latina. Sus libros tratan sobre el Pentecostalismo y la presencia pública de los evangélicos.

Elizabeth Salazar Sanzana, (PhD, Universidade Metodista de São Paulo) y miembro de la Asociación Teológica del Tercer Mundo (Theological Association of the Third World) (ASETT) y profesora en la Comunidad Evangélica Pentecostal de Chile, Concepción, Chile.

Daniel Orlando Álvarez, (PhD, Regent University) es profesor asistente de teología en el Pentecostal Theological Seminary y del Centro de Estudios Latinos de Cleveland, Tennessee.

José Raúl Febus, (Candidato a PhD de la Universidad Teológica Protestante de Holanda), originario de Puerto Rico, es profesor adjunto del Centro de Estudios Latinos y director de educación y misiones de la Región Este-Central Hispana de la Iglesia de Dios. Es Obispo Ordenado de la Iglesia de Dios (Cleveland, TN).

Miguel Álvarez, (PhD, Oxford Centre for Mission Studies) es misionero hondureño, representante asociado de Superbook en Virginia Beach, Virginia y profesor residente del Centro de Teología Pentecostal de Cleveland, Tennessee.

Daniel Chiquete, (PhD University of Hamburg), es mexicano, Doctor en Teología y Doctor en Historia, Profesor de Ciencias Bíblicas y Licenciado en Arquitectura. Vive en Culiacán, México.

Ramón Nonato Alvarado Gómez, (Candidato a PhD de la Universidad Interamericana de Puerto Rico, Recinto Metropolitano), es profesor en la Facultad de estudios teológicos y bíblicos de la Universidad Pentecostal Mizpa en San Juan, Puerto Rico y, profesor adjunto del SEMISUD en

Quito, Ecuador y del SEBIPCA en Quetzaltenango, Guatemala. Es obispo ordenado con la Iglesia de Dios 'Mission Board' de Puerto Rico.

www.ingramcontent.com/pod-product-compliance
Lightning Source LLC
LaVergne TN
LVHW011357080426
835511LV00005B/323